인왕산은 늘
오후 4시 같았다

인왕산은 늘
오후 4시 같았다

인왕산 길에서 마주친 내 마음의 풍경들

임승탁 지음

이담북스

인왕산은 늘 오후 4시 같았다

30년 전, 나는 인왕산을 '보았을 뿐'이다.

군복을 입은 군인이었고,

그저 바라보는 공간이었고,

편안히 쉴 수 있는 산과는 거리가 멀었다.

눈에 들어왔지만 마음에 들어오지 않았던 산.

그때는, 그럴 수밖에 없었다.

그로부터 30년이 지나 다시 찾은 인왕산은

그때와는 전혀 다른 얼굴로 내 앞에 서 있었다.

어느 날 오후,

서울의 시간을 벗어나고 싶은 마음 하나로

무심히 걷기 시작한 산길.

그 길 위에서 나는 문득 깨달았다.

"아, 인왕산은 오후 4시 같구나."

햇살은 여전히 따뜻하지만

그림자는 길어지고,

사람의 목소리는 낮아지고,

마음속 말들은 천천히 눌러앉는 시간.

그게 바로 오후 4시였고,

그 시간의 분위기를 고스란히 품고 있는 곳이 인왕산이었다.

그 산은 여전히 그 자리에 있었지만,

내가 달라졌고

산을 바라보는 눈과 걸음의 의미도 달라졌다.

30년 전에는 보이지 않던 바위의 표정,

지나치기만 했던 길가의 풀과 나무들,

누군가를 지키기 위해 누군가는 시간을 묶어두어야 했던 초소의 흔적들.

이제는 그 모든 것이,

한 편의 시처럼 읽혔다.

이 책은 인왕산을 통해 다시 나를 들여다보는 글이다.

빠르게 달려야 하는 인생의 흐름 속에서

산이 조용히 건네준 문장들로 이루어져 있다.

다시 돌아온 오후 4시,

그 시간에만 들리는 마음의 말들을

인왕산을 찾는 독자 여러분들도 들을 수 있길 기대하며.

2025. 4. 2.

인왕산 338.2m 정상 바위에 앉아서

🔺 목차

제1장

바위의 눈으로
세상을 보다

"단단해지려 애썼던 날들,

그때 나는 얼마나 무르고 불안했는가."

1

인왕산,
그 처음의 얼굴

뜻하지도 않게 인왕산을 두 번째 마주하게 되었다. 딸이 서울에서 대학을 다니게 되어, 함께 지내기로 하면서 우리는 자연스레 인왕산 자락의 어느 마을에 발을 붙였다. 하루의 시작과 끝에 늘 시야에 들어오는 산. 어쩌면 그 익숙함 때문에, 처음엔 그 산을 '풍경'쯤으로만 여겼는지도 모른다.

하지만 이상하게도 그 산은, 조용한 방식으로 내 마음 안으로 들어왔다. 바람이 불고, 아침 햇살이 비추고 해가 기울 때마다 인왕산의 표정이 조금씩 달라지는 걸 느끼게 되었다. 어떤 날은 굳건하고, 어떤 날은 부드럽고, 또 어떤 날은 물끄러미 나를 바라보는 듯한 느낌. 그 순간마다 내 안에 잠들어 있던 시간들이 하나씩 고개를 내밀었다.

서울 한복판에 이렇게 묵묵한 산이 있다는 게 새삼 놀라웠다. 도시가 쏟아내는 속도와 소음, 경쟁과 긴장 속에서 인왕산은 아무 말 없이 자리를 지키고 있었다. 높지도 않지만 그렇다고 작지도 않은, 도시를 감싸는 품 같은 산. 인왕산은 누군가를 압도하거나 이기려는 산이 아니라, 그저 그 자리에 오래 있어주는 산이었다.

처음엔 길이 낯설었다. 어디가 들머리고, 어디가 날머리인지 몰라 망설이기도 했다. 하지만 인왕산은 그런 나를 재촉하지 않았다. 내가 어떤 마음으로 다가가든, 그 산은 같은 자리에 같은 자세로 기다리고 있었다. 마치 부모처럼. 그제야 나는 알게 되었다.

이 산을 처음 본 건 20대 중반의 나이였지만, 이 산이 내 안으로 들어온 건 30년이 지난 50대 중반이 되어서라는 걸. 군 복무 시절, 늘 멀리서 바라보기만 했던 산. 가까이 갈 수 없었던 거리와 감정이, 이제는 내가 머무는 풍경이 되어 있었다.

"인왕산은 내 삶에 불쑥 들어온 산이 아니라,
오래도록 나를 기다려준 산이었다."

그 처음의 얼굴을 나는 잊지 못한다. 너무 선명하지도 않고, 너무 흐릿하지도 않았던 그 표정.
바로 그 지점에서, 나의 인왕산 이야기가 시작되었다.

▶ 인왕산 전경

#2

바위는 단단함 안에
다정함을 품고 있다

인왕산의 바위들은 처음부터 부드럽지 않았으리라. 거칠게 깎인 표면, 금 간 틈, 수많은 바람과 비를 맞은 흔적들이 고스란히 남아 있다. 하지만 그 모습은 상처가 아니라 시간을 받아들인 얼굴처럼 보인다. 날카롭고 뾰족하던 돌들이 이제는 둥글고 너그러워졌다. 그건 닳아서가 아니라, 스스로를 깎으며 세상을 품으려 한 흔적이다.

예전엔 바위의 단단함이 무서웠다. 딱딱하고 차가운 것, 어디에도 스며들지 않을 것 같은 인상. 하지만 인왕산을 다시 걷게 된 지금, 나는 그 단단함 안에 다정함이 숨어 있다는 걸 알게 됐다. 아버지처럼.

바위는 한 번도 내게 다가오지 않지만, 가만히 서서 나를 받아준다. 손을 얹으면 거칠지만 따뜻하고, 말은 없지만 오래 지켜본 듯한 침묵이 있다. 그 침묵은 벽이 아니라, 다정한 품이었다.

"다정함이란, 다가가는 게 아니라

자리를 비우지 않는 것인지도 모른다."

인왕산의 바위는 사람을 밀어내지 않는다. 오히려 제자리를 지키며 다가오는 이들을 그냥 품는다. 단단함은 무너지지 않기 위해 굳건하게 선 모습이라기보다, 스스로를 내어주는 태도일 수도 있다. 바위는 말을 하지 않는다. 하지만 그 침묵 속에서 나는 말보다 분명한 다정함을 느낀다.

▶ 바위 모습

3

내려다본다는 것의
의미

　인왕산 정상에 오르면 서울이 한눈에 들어온다. 빽빽한 빌딩과 굽이
진 도로, 쉴 새 없이 흐르는 차량들. 매일 살아가는 공간이지만, 바위
위에서 바라보면 마치 낯선 도시처럼 느껴진다. 익숙한 거리와 구조물
이 하나의 커다란 풍경이 되어 멀리 흘러간다. 높은 곳에서 바라본다
는 건 단순히 위에서 아래를 보는 일이 아니라, 세상을 다른 결로 읽어
내는 일이다.

　하지만 군대 시절, 나는 이 정상을 단 한 번도 밟지 못했다. 언제나
머물던 곳은 3부 고지. 감시와 통제의 경계 지점이었다. 그 자리는 '내
려다보는' 장소가 아니라, 주어진 시야를 유지하며 '지켜보는' 장소였
다. 나는 그곳에서 장교로 근무했고, 늘 임무 속에 있었다. 시야는 좁았
고 시선은 낮았다. 서울이 발아래 있다는 사실조차 느껴보지 못한 채,
단지 하루를 버티는 데 집중해야 했던 시간이었다.

그랬던 내가 지금은 인왕산 정상에 서 있다. 아무런 지시도 명령도 없는 상태에서 그저 바라보는 시간. 도시의 윤곽을 따라 시선을 두고, 흐름을 느끼며, 그 안의 나를 찾아본다. 언제나 안으로만 집중해 있던 눈이 바깥을 향하고, 그 너머까지 조용히 닿아간다. 도시의 움직임은 여전하지만, 나는 그 움직임을 더 이상 통제하려 하지 않는다.

이제는 중심에 서는 것보다 주변에서 바라보는 일이 더 소중하다는 걸 안다. 내려다본다는 건 누군가를 위에서 본다는 뜻이 아니다. 멀리 떨어져 있었던 진실과 마음을 다시 찾는 일이다.

"멀리서 바라볼 때만 비로소 또렷해지는 진실이 있다."

인왕산은 내게 바라보는 법을 가르쳤다. 움켜쥐기보다 내려놓고, 통제하기보다 느끼는 감각. 정상이라는 자리는 어떤 정복이 아니라 비움의 지점이었다. 그리고 그 자리에 선 나는, 비로소 나 자신을 다시 바라보게 되었다.

▶ 정상에서 내려다본 전경

4

바위는
기억하고 있다

인왕산의 바위들은 역사의 침묵을 품고 있다. 겉보기엔 바람에 닳은 돌덩이지만, 그 표면 아래엔 조선 500년의 숨결, 제국의 몰락, 피로 쓴 분단의 흔적, 고도의 경제성장과 민주주의 발전의 과정까지도 고요히 새겨져 있다. 이 산은 그 모든 시간을 곁에서 지켜보았다. 말하지 않았고 개입하지 않았지만, 바위 하나하나가 그날들의 증인이었다.

산 아래에는 경복궁과 경희궁, 사직단이 자리하고 있다. 조선왕조의 권력과 의례, 통치의 질서가 펼쳐지던 중심이 이 바위 아래에서 이루어졌다. 인왕산은 그 위에서 왕과 신하, 백성들의 울고 웃는 시간을 내려다보았다. 대한제국이 마지막 황실의 존엄을 지키려 애쓸 때도, 인왕산은 말없이 그 곁을 지켰다. 그러나 그 존엄은 오래가지 못했다. 일제는 궁궐을 짓밟고, 사직단을 훼손하며, 이 산 아래의 역사를 왜곡하고 지웠다. 인왕산은 그것마저 기억하고 있다.

그리고 1968년, 북한 특수부대가 이 바위산을 타고 서울 한복판까지 침투해 왔다. 투항한 김신조는 기자회견에서 침투 목적을 묻는 기자에게 "박정희 모가지 따러 왔수다!"라고 말해 온 국민을 경악하게 만들었다. 그들은 인왕산 북쪽 능선을 따라 내려왔고, 도시와 국가 전체가 충격에 빠졌다. 그날 이후, 이 산은 더 이상 단지 경관이나 풍경으로만 존재하지 않았다. 무언가를 경계해야 하는 장소가 되었고, 나 역시 군 시절 그 일각에서 긴장 속에 근무했던 기억이 있다. 바위는 여전히 제자리에 있었지만, 그 표정은 깊은 긴장과 책임의 기운으로 무거워 보였다.

지금 다시 이 바위들 사이를 걷는다. 다정한 풍경처럼 보이지만, 그 속에는 수백 년의 피로, 수많은 이름 없는 이들의 발자국이 층층이 쌓여 있다. 그때는 알지 못했던 무게가, 이제는 바위의 결 하나하나에 느껴진다. 손을 얹고 잠시 눈을 감으면, 바위는 어떤 말도 없이 시간의 결을 따라 감정을 전해 온다.

"말 없는 바위는 역사를 잊지 않는다."

인왕산은 그 어떤 기록보다 오래된 아카이브다. 붓으로 쓰지 않았고 말로 전하지 않았지만, 그 자리에 존재함으로써 모든 시대의 흔적을 품고 있다. 사람은 지나가지만, 바위는 남는다. 그리고 남는 존재는 반드시 기억하는 존재다. 인왕산의 바위는 지금도 우리에게 조용히 말하고 있다. 잊지 말라고, 기억이 곧 생명이라고.

▶ 자하문 초소 전투 당시 사망한 최규식 경무관의 동상

5

바위가 건넨
첫 번째 말

인왕산을 오르다 문득 멈춰 선 자리, 나는 바위 앞에 앉아 있었다. 말 없는 바위, 움직이지 않는 바위, 하지만 이상하게도 그 바위는 나를 오래도록 바라보는 듯했다. 그리고 아주 조용한 목소리로, 단 하나의 문장을 건네는 것 같았다.

"지나간다고, 사라지는 건 아니야."

그 말은 처음에는 무슨 말인지 몰랐다. 어느덧 중년을 지나며 견뎌온 시간들, 끝난 줄 알았던 순간들, 잊혔다고 여겼던 감정들. 그것들이 정말 사라진 걸까. 아니었다. 이 자리에 앉아 있으니, 모두 여전히 내 안에 남아 있었고, 나를 이루고 있었다. 바위가 그걸 알고 있다는 듯 내게 말하고 있었다.

서울의 거리와 도로 아래로는 수많은 사람들이 분주히 움직이고 있었다. 출근길의 사람들, 가속을 늦추지 않는 차량들, 저마다의 목적과 속도로 흘러가는 삶들. 그들 대부분은 치열하게 사는 중이고, 더 나은 내일을 위해 오늘을 소진하는 중일 것이다. 그런 그들에게도 이 바위는 같은 말을 건넬 수 있겠구나 생각했다.

"지나간다고, 사라지는 건 아니야."

힘든 하루가 지나가도, 실패했던 날이 지나가도, 어떤 말도 못 한 채 삼켰던 감정이 흘러가도, 그것은 사라지지 않는다. 다만 쌓일 뿐. 내면 어딘가에 단단한 층이 되어, 언젠가 나를 지탱하는 바닥이 되어 준다. 이 바위가 수많은 시간과 비바람을 지나오며 그 결을 품고 있는 것처럼.

군 시절, 나는 이런 말을 들을 여유조차 없었다. 시간은 단지 지나가야만 하는 것이었고, 하루는 무사히 끝나야만 했던 것이었다. 하지만 지금은 다르다. 그 시간들이 사라지지 않고 내 안에 남아 있다는 걸, 이 바위를 통해 느낀다. 말이 아닌 결로, 존재로 전해지는 그 메시지.

"지나간다고, 사라지는 건 아니야."

그 말은 지나간 시간을 품고 살아가는 이들에게, 지금을 버티는 이들에게, 앞으로를 걸어갈 이들에게 똑같이 건넬 수 있는 단 하나의 위로이자 다짐이다.

바위는 그렇게, 오늘도 조용히 그 말을 품고 서 있다.

▶ 바라보는 듯 서 있는 바위 모습

6

바위는 말이 없지만
모든 걸 지켜본다

인왕산의 바위는 오래된 눈을 가졌다. 흙먼지 속에서도, 바람이 부는 날에도, 늘 같은 자리에 앉아 세월을 지켜본다. 말이 없다는 건 아무것도 모른다는 뜻이 아니라, 모든 걸 보고도 조용히 있는 태도를 말한다. 그래서일까. 인왕산의 바위 앞에 서면 괜히 자세가 반듯해진다.

이 바위들은 분명 무언가를 알고 있다. 오래전 이 길을 지났던 무명의 사람들, 흘린 눈물, 조용한 다짐, 발끝의 망설임까지. 어떤 풍경도 그들에게는 낯설지 않았을 것이다. 누군가 무거운 마음을 끌고 이 산을 올랐다가, 가볍게 웃으며 내려간 장면도 알고 있을 것이다. 하지만 그 어떤 바위도 그것을 말하지 않는다. 대신 그대로 품고, 가만히 앉아 있을 뿐이다.

그 태도는 나에게 묘한 울림을 준다. 어떤 위로보다 조용하지만, 그 조용함이 오히려 더 깊다.

사람들은 흔히 자신이 겪은 일들을 남기고 싶어 한다. 기록하고, 말하고, 증명하려 한다. 하지만 인왕산의 바위는 그 반대편에 서 있다. 남기지 않고, 드러내지 않으면서도, 어떤 감정보다 강한 진심을 전하고 있다.

군대 시절, 이 산을 오르내릴 때 나는 이 바위들을 바라본 적이 거의 없었다. 늘 앞만 보았고, 명령과 임무에 집중했으며, 산은 그저 지나쳐야 할 지형 중 하나일 뿐이었다. 하지만 이제, 그때의 바위들을 다시 보게 된다. 그들은 그때도 거기 있었고, 나를 보고 있었을 것이다. 다만 나는 보지 못했을 뿐.

"묵묵히 있다는 것,
  그것만으로도 누군가에게는 큰 말이 된다."

인왕산의 바위는 설명하지 않는다. 무언가를 가르치려 하지도 않는다. 다만 말없이, 그러나 단단하게 거기에 있어준다. 그리고 그 태도 하나로, 사람의 마음을 움직인다.

7

바위는 조용히
사람을 품는다

　인왕산을 걷다 보면, 누군가 조용히 바위 위에 앉아 있는 모습을 자주 보게 된다. 말없이 숨을 고르거나, 멍하니 도시를 내려다보거나, 어쩌면 아무 생각 없이 그저 앉아 있는지도 모르겠다.

　그런 모습을 마주할 때마다 나는 문득 생각하게 된다. 왜 사람들은 바위 위에 앉아 있을까. 그리고 왜 바위는 언제나 그 자리에 사람을 앉게 할까. 바위는 말이 없다. 아무 감정도 표정도 드러내지 않는다.

　하지만 이상하게도, 바위 옆에 있으면 마음이 놓인다. 누군가에게 기대고 싶을 때, 속내를 말로 꺼낼 수 없을 때, 그저 묵묵히 있어주는 바위가 가장 큰 위로가 되어줄 때가 있다. 그건 단단해서가 아니다. 넘어지지 않아서도 아니다. 오히려 말없이 자리를 내어주기 때문이다.

　바위는 "앉아도 괜찮다"고, "아무 말 없이 있어도 괜찮다"고 말하는 것 같다. 그래서 사람들은 조심스레 바위 곁에 앉고, 마음을 놓고, 다짐을 새기고, 잠시 쉬어갈 수 있는 용기를 얻는다.

나도 그랬다. 힘든 날엔 바위 하나에 등을 기대고 싶었고, 말을 삼켜야 했던 때엔 그 바위 위에서 숨을 고르곤 했다. 바위는 듣지 못하지만, 묵묵히 들어주는 것 같은 존재였다. 내가 무슨 말을 하든, 혹은 하지 않든 그 자리에 그대로 있어주는 태도.

"바위는 다정하다는 말 한 번 하지 않지만,
그 침묵 속에서 우리는 다정함을 배운다."

인왕산의 바위는 나에게 그렇게 다가왔다. 감싸는 말 없이, 격려하는 손짓 없이, 그저 존재 자체로 마음을 풀게 만드는 존재. 언제나 그 자리에 있어주는 것, 그것만으로도 사람을 품을 수 있다는 걸, 이 산의 바위들이 조용히 알려주었다. 아빠란 그런 존재일까?

8

바위의 그늘 아래서
멈춘 마음

바위 아래 그늘에 들어서는 순간, 세상이 조금 달라진다. 햇살이 쏟아지던 능선은 밝고 뜨겁고 활기찼지만, 그늘 안은 조용하고 서늘하며 묘하게 깊다. 소리도 낮아지고, 빛도 부드러워진다. 마치 시간을 덜어낸 공간 같다고 할까. 그곳에 앉는 순간, 나도 모르게 숨을 천천히 내쉬게 된다. 바위는 그늘을 의도하지 않는다. 그저 제 자리에 오래 서 있었을 뿐이다.

하지만 그렇게 만들어진 그늘 하나가 사람에게는 피난처가 되고 쉼터가 된다. 햇살을 피하려 앉았지만, 마음은 그 자리에서 문득 멈춘다. 무언가를 하려던 동작이 멈추고, 생각의 속도도 느려진다.

그늘은 단지 어두운 공간이 아니다. 그늘은 밝음이 스며들지 못한 자리가 아니라, 스스로를 숨기지 않아도 되는 공간이다. 그 안에 앉으면 나는 나를 꾸미지 않게 되고, 나를 설득하거나 다독이지 않아도 된다. 그냥 앉아 있는 것만으로 충분한 자리. 그런 자리에서 마음은 천천히 제 모습을 되찾는다.

나는 그 바위 그늘에서 몇 번이나 멈춰 앉았다. 어떤 날은 울컥했고, 어떤 날은 웃음이 났다.

가장 조용한 순간에 오히려 가장 많은 감정이 밀려올 때가 있다. 그늘은 그런 시간의 틈이다.

삶이 빠르게 흘러가는 가운데, 나만 조용히 머물 수 있는 작은 틈.

"그늘이 있다는 건,
세상이 너를 잠시 쉬어도 된다고 말해주는 것이다."

인왕산의 바위 그늘은 그런 자리를 내어준다. 말없이, 조건 없이, 조용히. 햇살 아래에선 찾지 못한 나를 그 그늘 아래에서 조용히 마주한다. 그리고 그 마음 하나로, 나는 다시 햇살 속으로 나설 수 있게 된다.

▶ 바위 그늘 아래서 내려다본 전경

9

바위 위의 시간,
사람의 흔적

인왕산 바위 위에는 눈에 잘 띄지 않는 작은 흔적들이 있다. 손으로 자주 만져 닳은 표면, 밟고 지나다녀서 닳고 움푹 들어간 곳, 누군가 등을 기대며 머물다 간 자리. 그건 누가 새긴 것도 아니고, 누군가 일부러 남긴 것도 아니다. 그저 오래도록 반복된 사람의 움직임이 자연스럽게 새긴 자국일 뿐이다.

나는 그런 자리를 볼 때마다 걸음을 멈추게 된다. 아무도 없는 바위 위에서 누군가 방금 일어선 것 같은 온기를 느낄 때가 있다. 마치 그 자리에 앉으면 모르는 누군가의 마음에 잠시 닿는 것 같다. 그건 소리 없는 인사이기도 하고, 시간을 건너 만나는 다정한 눈빛 같기도 하다.

그 흔적 위에 앉으면 풍경이 조금 달라 보인다. 그 사람이 무엇을 보았는지, 어떤 마음으로 앉아 있었는지 상상하게 된다. 그리고 나도 그 자리에 조용히 한 겹의 시간을 얹는다.

아무 말 없이, 아무 이름도 없이. 그저 잠시 머물렀다는 이유만으로 그 바위는 나를 기억하게 될 것이다.

"기억은 때로, 기록보다 가볍고 더 오래간다."

우리는 흔히 이름을 남기려 애쓴다. 사진을 찍고, 말로 남기고, 표시를 하려 한다. 하지만 이 산에는 그 어떤 글자보다 오래 남은 흔적들이 있다. 몸을 기댄 각도, 숨을 고른 자세, 손을 얹고 바라보던 풍경. 그렇게 사람들은 자신도 모르게 시간을 새기고 떠난다. 그리고 그 조용한 흔적들이 모여 인왕산의 바위는 오늘도 사람의 기억을 품은 자리로 남아 있다.

▶ 바위의 흔적

10

내가 닮고 싶은
바위 한 조각

인왕산을 오르다 보면, 마음에 오래 남는 바위가 하나씩 생긴다. 크고 눈에 띄는 바위도 있지만, 나는 오히려 그늘에 반쯤 묻혀 있거나, 길가에 조용히 엎드린 작은 바위에 마음이 끌린다.

단단하지만 눈에 띄지 않고, 오래 그 자리에 있었을 텐데 자신을 드러내려 하지 않는 바위.

그런 바위를 보면 문득 부끄러워지기도 한다. 나는 너무 자주, 무언가를 증명하려 했고 어디쯤 도달했는지를 말해야만 안심했다.

하지만 그 바위는 아무것도 말하지 않고, 드러내지 않으면서도 제 역할을 충분히 해내고 있었다. 누군가 쉬어 가는 자리, 누군가 숨을 고르는 등받이, 누군가 아무 말 없이 기대는 마음의 받침돌. 그런 자리를 내어주는 존재. 그 바위 하나가 조용히 삶의 방향을 가르쳐주는 것 같았다.

"드러내지 않아도 필요한 존재가 될 수 있다."

그 말이 조용히 가슴에 남는다. 힘주지 않아도, 목소리를 높이지 않아도, 그저 그 자리에 있는 것만으로도 누군가에게는 큰 위로가 될 수 있다는 사실. 나는 그 바위 위에 앉아 한참을 머물렀다. 그 바위처럼 되고 싶다고, 그렇게 조용한 사람이 되고 싶다고 마음속으로 중얼거렸다. 세상은 자꾸 앞으로 나가라고 재촉하지만 바위는 내게 말했다.

"머무는 것도, 존재하는 방식 중 하나야."

그날 이후로 나는 인왕산을 오를 때마다 그 바위를 다시 찾는다. 아무도 주목하지 않는 그 바위를. 그 조용한 자리를 나는 닮고 싶다.

▶ 길가에 조용히 엎드린 작은 바위

"바위는 아무 말도 하지 않지만, 가장 오래된 언어를 품고 있다."

제2장

단단함은 곧
상처를 품는 일

"흔적 없는 바위가 어디 있을까.

남겨진 상처가 결국 모양이 된다."

1

침묵이 마음을
지탱한다

인왕산을 걷다 보면 참 많은 것들이 말없이 존재한다. 소나무도, 바위도, 오래된 성벽도 그저 그 자리에 있다. 하지만 이상하게도 그 침묵이 오히려 나를 붙잡는다. 말을 하지 않기 때문에 더 깊이 와닿는 무엇.

우리는 흔히 말하는 것으로 자신을 증명하려고 하지만, 인왕산은 그렇지 않다. 그저 거기에 있다는 것만으로 오랫동안 무엇인가를 말해왔다. 말보다 오래 가는 감정이 있다. 그리고 말없이 쌓이는 마음이 있다. 어떤 날은 그 조용함이 나를 견디게 한다. 떠들썩한 하루를 지나와서인지 아무 말 없는 바위와 나무가 오히려 더 다정하게 느껴진다.

사람은 누구나 속으로 삼킨 말이 있다. 꺼내지 못한 슬픔이 있고, 설명할 수 없는 마음이 있다. 그럴 땐, 말을 듣고 싶은 게 아니라 말없이 옆에 있어주는 것만으로도 충분하다.

인왕산은 그 역할을 해준다. 무언가를 말하지 않아도 그저 옆에 서 있는 풍경들이 "알고 있어"라고 속삭여주는 듯하다.

"버티는 건 말이 아니라, 말없이 쌓인 시간이다."

나는 이 산의 침묵 속에서 내 안의 무게를 정리한다. 말하지 않아도 되는 시간, 말하지 않아야 비로소 드러나는 마음. 그 침묵이 오늘의 나를 지탱하고 있다. 때론 침묵하므로 아프기도 하지만.

2

사람도 바위처럼
될 수 있다면

우리는 종종 바위처럼 살고 싶다고 말한다. 흔들리지 않고, 상처받지 않으며, 묵묵히 자리를 지키는 삶. 하지만 인왕산의 바위를 바라보며 깨닫게 된다. 바위는 상처받지 않아서 그 자리에 있는 게 아니다. 바위는 많은 것을 받아들이고도 떠나지 않았기에 지금 그 자리에 있는 것이다. 사람 역시 마찬가지다. 무너지지 않으려는 의지가 오히려 더 쉽게 부서지게 만든다.

군복을 입고 지내던 시절, 나는 늘 버텨야 했다. 감정을 드러내지 말아야 했고, 불안해도 불안하지 않은 척, 지쳐도 괜찮은 척 살아야 했다. 그러는 사이, 나도 모르게 안쪽에서 조금씩 금이 갔다. 강해야 한다는 그 마음이, 오히려 나를 조용히 깎아내고 있었다.

33년이 넘는 군 생활을 마친 지금 다시 인왕산을 걷는다. 군 시절엔 가까이 가지 못했던 바위들. 이제는 다가가서 손을 얹고, 가만히 앉아

본다. 바위는 말이 없다. 스스로를 강하다고 말하지도 않는다. 그저 제 모습 그대로 오랜 시간 자리를 지키고 있을 뿐이다. 사람도 마찬가지일 것이다. 무언가 되려 애쓰기보다는, 이미 있는 상처와 흔들림을 인정하는 쪽이 오히려 마음을 편하게 만든다.

누군가의 울컥한 감정, 말하지 못한 눈물, 그 모든 순간들 위로 누군가의 온기가 스며들 때, 마음 한 자락이 조용히 놓인다. 그래서 요즘 나는 강해지기보다 따뜻해지려 노력한다. 흔들림을 감추기보다 그 자리를 지키는 법을 배우려 한다.

"흔들림을 두려워하지 않는 것이
진짜 마음의 깊이인지도 모른다."

인왕산의 바위는 날카롭지 않다. 그 위에 앉으면 긴장이 풀리고, 자꾸 스스로를 다그치던 마음이 잠시 멈춘다. 사람도 그렇게, 무언가가 되기보다 그저 곁에 머무를 수 있는 존재가 된다면, 그것만으로도 충분하지 않을까.

#3

오래 버티는 것의
의미

인왕산은 해발 338.2미터. 결코 높은 산은 아니다. 하지만 이 산 앞에 서면 사람은 저도 모르게 똑바로 선다. 북악산처럼 뾰족하지 않고, 남산처럼 부드럽지도 않다. 인왕산은 늠름하다. 단단하고, 조용하고, 흐트러짐이 없다. 유달리 튀지 않지만, 묵묵한 존재감으로 제자리를 지켜온 산. 그것이 인왕산이다.

화강암이 유난히 많이 노출된 이 산은, 눈에 보이는 그대로 '돌산'이다. 수백 년을 맞은 바위들이 길을 내고 능선을 만들었다. 이 산은 그저 상징으로 존재하지 않았다. 실제로 이곳에 와 서면, 마치 한 존재가 온몸으로 말을 걸어오는 듯한 느낌이 든다. 그 말은 크지 않지만 깊다.

"나는 여기 오래 있었다. 그걸로 충분했다."

군 시절, 나는 바라만 보던 산이었다. 경계와 임무 속에서 인왕산은 늘 멀리 있었다. 그러나 이제는 이 산을 천천히 오르고, 바위에 앉아 숨을 고른다. 그렇게 마주한 인왕산은 '힘을 내라'거나 '이겨내라'고 하지 않는다. 그저 그 자리에 오래 버티며, 존재해 온 몸으로 조용히 전한다.

버티는 것은 그 자체로 살아 있는 일이라고.

인왕산에는 '선바위'에 관한 설화가 전해지고 있다. 한양 도성을 쌓을 때 무학대사는 선바위를 도성 안에 둘 수 있게 설계하려 하였고, 정도전은 성 밖에 두도록 설계하려 했었다고 한다. 선바위를 성안에 두면 불교가 성하고 성 밖에 두면 유교가 성한다는 정도전의 설득으로 태조는 성 밖에 선바위를 두도록 하였다는 것이다.

숱한 바람을 맞으면서 선바위와 기암괴석들은 제각기 모양을 가졌지만, 제자리를 떠나지 않았다. 그것이 인왕산이 말하는 단단함의 방식이다. 크게 드러나지 않지만, 결코 지워지지 않는 존재감.

세상을 살다 보면 자꾸 앞으로 나아가야만 한다는 압박에 시달리게 된다. 성취하고, 증명하고, 비교해야 하는 삶 속에서 '그대로 존재하는 일'은 종종 무가치하게 여겨진다. 하지만 인왕산은 말한다. 오랜 시간 한 자리를 지키는 것, 그 자체로 이미 강하고, 아름다운 일이라고.

"유난히 빛나지 않아도, 제자리를 지키는 일엔 힘이 있다."

인왕산은 흔들리되 무너지지 않았고, 닳되 사라지지 않았다. 인간의 삶도 그럴 수 있다. 위로 솟지 않아도 좋다. 단지 내가 서 있는 자리를

지켜내는 것, 그것이 삶의 가장 깊은 단단함이라는 것을, 이 산은 온몸
으로 보여주고 있다.

#4

틈에서 피어난
것들

인왕산의 바위들은 단단하고, 웅크리고, 닫혀 있는 듯 보인다. 그러나 그 틈을 들여다보면 전혀 다른 진실을 마주하게 된다. 바위 사이 깊숙한 곳, 마른 흙 한 줌이 깃든 자리마다 생명이 자라고 있었다. 메마른 틈바구니에서 피어난 진달래, 억센 바람을 이겨내고 뿌리를 내린 소나무. 보기만 해도 마음이 뜨거워지는 장면이었다.

진달래는 철마다 연한 분홍빛으로 바위를 물들이고, 소나무는 자리를 탓하지 않고 몸을 구부려 바위에 매달린다. 누군가는 절망이라 여겼을 공간을, 그들은 '살아낼 자리'로 삼았다. 흙도 얕고, 햇살도 짧게만 머무는 곳에서 피어난 존재들. 바위는 단지 견디는 것에 그치지 않고, 자신이 가진 틈을 세상에 내어주었다.

바위가 견디는 사이, 다른 생명은 피어났다.

사람도 그럴 수 있다. 상처라고 여겼던 틈, 외롭고 무너졌던 마음의 공간에서 무엇인가 자랄 수 있다는 것을, 나는 이 바위에서 배운다. 고통이 지나간 자리에 따뜻한 마음 하나, 포기했던 순간 속에 다시 걷고자 하는 의지 하나. 우리도 그렇게 피어나는 존재들이다.

군 시절, 나는 스스로에게 말하지 못했던 감정들을 눌러둔 채 살았다. 그 시절의 나는 틈을 허락하지 않았다. 강해야 했고, 단단해야 했고, 울지 말아야 했다. 하지만 지금은 안다. 마음의 틈이 없으면, 그 어떤 것에도 뿌리를 내릴 수 없다는 것을. 인왕산의 바위가 허락한 틈 사이에서 생명이 자라듯, 인간도 마음의 틈을 통해 다시 자란다.

"모진 곳에도 피어나는 것들은 있다. 그리고 그곳에서 피어난 것들은 더욱 강하다."

바위틈 사이에서 자란 소나무는 키는 작지만, 뿌리는 깊다. 진달래는 잠시 피었다 지지만, 매년 같은 자리에 다시 핀다. 우리는 언제나 완벽한 자리를 기다리지만, 삶은 늘 불완전한 틈 사이에서 피어난다. 인왕산은 말한다.

"너의 틈이, 너를 다시 피우는 자리일지도 모른다."

▶ 바위틈에서 자란 나무들

5

상처를 드러내는
용기

군 복무 중이던 어느 일요일이었다. 훈련도, 총성도 잠시 멈추는, 마땅히 쉬어야 할 날. 하지만 그날 나는 방음 사격장에 있었다. 어두컴컴한 공간, 퀴퀴한 화약 냄새, 날카로운 침묵. 그곳에서, 나는 참기 어려운 일을 당했다.

그 이름은 '구타.' 지금까지도 선명하게 남아 있는, 결코 잊히지 않는 장면이 되었다.

그날 이후 나는 아무 일 없던 듯 일과를 소화했고, 누구에게도 말하지 않았다. 하지만 그때 상황은 내 안 어딘가에 금처럼 남았다. 겉으로는 아무렇지 않지만, 나는 그날 이후 조금씩 달라졌다. 나를 때린 그 상급자와는 공적인 말 이외에는 일체 하지 않았다.

상처는 그렇게, 말없이 자리를 잡는다. 고통의 크기보다 더 오래 남는 건, 아무 말도 못 했던 그 마음의 기억이었다.

인왕산을 다시 오르며, 나는 그날을 문득 떠올렸다. 위치는 다르지만 '옛 실내 사격장의 흔적'이라는 간판이 눈에 띄는 순간 무수한 생각들이 지나갔다. 그곳에 멈추고 싶은 마음이 없어 잠시 둘러보고 지나갔다. 잠시 후에 길가에 바위가 보였다. 사람들이 잠시 멈춰가는 곳. 나도 멈췄다. 바위에 앉아 있노라면 묘하게 감정의 결이 살아난다. 인왕산의 바위들은 수없이 깎이고 갈라졌지만, 결코 그것을 감추지 않는다. 깊게 파인 틈, 드러난 결, 바람에 닳아 생긴 흔적들. 바위는 말하지 않지만, 오히려 그 침묵으로 말하고 있었다.

"여기, 상처가 있다. 그리고 나는 여전히 여기 있다."

그것은 부끄러움이 아닌 용기였다. 상처를 드러내는 건 부러진 자존이 아니라, 살아 있다는 증거였다. 인왕산은 그 단단한 몸으로 그렇게 말해 주고 있었다.

사람도 마찬가지다. 누구에게나 쉬고 싶었던 날에 생긴 아픔이 있다. 말하지 못하고 지나친 고통이 있고, 시간이 지나도 무심코 떠오르는 기억이 있다. 하지만 그 모든 것은 삶의 중심에 남아, 자신만의 결을 만든다. 숨긴다고 사라지는 것이 아니라, 드러냄으로써 비로소 삶과 연결되는 것.

"상처는 가릴 대상이 아니라, 삶의 일부로 껴안아야 할 얼굴이다."

인왕산의 바위들은 그걸 보여준다. 감추지 않고 그대로 서 있는 것. 깎이고, 찢기고, 닳았지만 여전히 자리를 지키는 일. 그 자체로 단단하고 아름답다.

나는 이제 그때의 일을 감추지 않는다. 그날 느꼈던 충격과 쓸쓸함까지도, 내 삶의 일부로 받아들이기로 했다. 인왕산의 바위처럼.

"상처는 약함의 흔적이 아니라, 살아낸 사람의 증거다."

▶ 옛 실내 사격장 흔적

6

봄에도 남아 있는
겨울의 흔적

인왕산에 봄이 오면, 산수유가 터지고 진달래가 피고, 바람에도 물기가 스민다. 바위틈마다 생명은 조금씩 고개를 들고, 길 위의 사람들 발걸음도 가벼워진다. 그런데 나는 그 봄의 풍경 속에서도 겨울의 잔상을 자주 마주하게 된다. 이미 지난 계절인데도, 그 흔적은 쉽게 사라지지 않는다. 그늘진 바위 아래에 남은 흙빛, 한껏 움츠린 채 바람을 견뎌 온 나뭇가지, 새싹 아래 눌려 있는 낡은 낙엽 하나.

모두 봄 속에 있으면서도, 겨울을 완전히 벗지 못한 채 머물고 있다. 그 모습은 어쩐지 사람의 마음과 많이 닮아 있다. 우리는 종종 새로운 계절이 오면 모든 게 바뀌어야 할 것처럼 생각한다. 이제는 웃어야 하고, 이제는 잊어야 하고, 이제는 앞으로 나아가야만 한다고 스스로를 다그친다.

하지만 계절처럼 사람의 마음도 한 번에 바뀌지 않는다. 따뜻한 햇살 속에서도 서늘한 감정은 남아 있고, 새로운 시작 속에도 이전의 상처는 여전히 남아 있다. 봄이 왔지만 아직 웃을 준비가 되지 않은 사람, 환한 풍경 속에서도 멈춘 마음을 가진 사람에게 인왕산은 조용히 다가와 말해준다.

"계절이 바뀌었다고, 너까지 급히 바뀔 필요는 없어."

나는 그 말에 안심한다. 봄에도 겨울의 흔적이 남아 있는 것처럼, 나 역시 내 안의 시간에 맞춰 천천히 녹아가면 된다고. 그 흔적이 있다는 건 내가 그 계절을 살아냈다는 증거니까.

인왕산은 계절을 급하게 넘기지 않는다. 남은 것들을 조용히 품고 다음을 맞이한다. 그 태도야말로 삶이 견고해지는 방식인지도 모른다.

#7

상처가 형태가 되어
남을 때

인왕산의 바위를 유심히 들여다보면 매끄럽지 않은 표면과 불균형한 윤곽, 깎인 자국과 깊게 패인 금이 눈에 들어온다. 처음엔 그걸 단순한 침식의 결과로만 여겼지만, 오래 바라볼수록 그건 시간이 새긴 상처의 형태라는 생각이 들었다.

바위는 단단하지만 분명히 상처를 입는다. 비와 바람, 더위와 추위, 수십 년의 침묵 속에서 서서히 금이 가고, 조금씩 깎이고, 꺼지며 사람들의 편의를 위해 몸의 일부를 도려내는 아픔을 이겨내면서 지금의 모습이 만들어진다.

그리고 그 흔적들은 단지 남겨진 것이 아니라 바위의 얼굴이 되어 있다. 그런 바위를 볼 때면 문득 사람의 삶이 떠오른다. 상처를 덮거나 감추지 않고 그대로 안고 살아가는 모습. 우리는 그 모양을 흉이라고 부르기도 하고, 때론 약점이라 말하지만 어쩌면 그것은, 우리가 버텨

낸 시간의 얼굴인지도 모른다. 어릴 적 오토바이 사고 당시에 당신의 품에 어린 아들을 안고 오토바이에서 뛰어 내리다가 얼굴을 크게 다친 후에 그 수술 자국을 평생 안고 살다가 하늘 나라로 가신 아버지처럼.

바위는 말하지 않지만, 자신에게 새겨진 금을 지우지 않는다. 그걸 수치로 여기지도 않고, 누군가에게 보여주기를 두려워하지도 않는다. 그저 담담히, 그 상처의 모양대로 살아간다. 그리고 그 자세가, 이상하게도 사람을 안심시킨다.

"상처는 흔적이 아니라 형태가 된다."

나 역시 그 사실을 조금씩 받아들이게 되었다. 흔들렸던 마음, 부서질 듯했던 하루, 말하지 못한 고통들이 내 안에 남아 지금의 나를 만든 모양이 되었다는 것. 지워야 할 것이 아니라, 이해하고 살아가야 할 나의 나이테이며 윤곽이라는 것. 인왕산의 바위는 그런 깨달음을 아무 말 없이 가르쳐준다. 조각난 것이 아니라, 완성된 형태로 자기 자신을 받아들이는 태도로.

▶ 바위에 계단이 만들어진 모습

8

지워지지 않는
자리들

인왕산 능선을 따라 걷다 보면 눈에 보이지 않지만 '느껴지는 자리'
들이 있다. 바람이 유독 세게 불거나, 한참을 말없이 걷게 되는 구간,
사람들이 왠지 모르게 조용해지는 지점. 그곳에는 뭔가가 있었다. 지워
지지 않은 무언가가 남아 있는 자리.

지금은 초소가 사라졌고, 경계의 흔적은 대부분 정리되었지만 그 자
리를 지나칠 때면 설명하기 어려운 무게가 감돈다. 그 자리에 오래 서
있었던 사람들의 시선, 말없이 견디던 하루들, 그리고 그 시간들을 말
없이 넘긴 바위와 땅의 기억. 형태는 사라졌지만 감정은 아직 그 자리
에 남아 있다.

나는 그곳을 지날 때 괜히 목소리를 낮추게 되고, 발걸음을 천천히
하게 된다. 누가 가르쳐주지 않았는데도 마치 오래된 감정이 풍경에
스며있는 듯한 느낌. 시간은 지나도, 자리는 기억한다. 이런 자리를 보

면 '사라진 것'과 '남은 것'의 경계가 모호해진다. 눈앞에 보이지 않는다고 해서 모든 게 없어진 것은 아니다. 어떤 장소는 그 위에 어떤 마음이 있었는가에 따라 계속 살아 숨 쉰다. 묻혀 있지만 지워지지 않은 자리. 지금 우리가 걷는 그 땅 위에 그런 흔적들이 있다.

"사람은 떠났고, 초소는 사라졌지만
풍경은 그 기억을 붙잡고 있었다."

이런 자리 앞에서는 말을 덧붙이지 않는 게 예의인 것 같다. 바위도 조용하고, 나무도 조용하고, 그 침묵 속에서 남겨진 감정 하나가 조용히 되살아난다. 인왕산은 그런 자리를 함부로 밀어내지 않는다. 기억과 현재가 겹쳐지는 풍경, 그 위를 걸을 때 지금을 있도록 지켜주었고, 조용히 자리를 내어 주고 떠난 이들에게 감사한 마음 한 조각을 내려놓고 간다.

9

아물지 않은
풍경의 표정

　인왕산의 풍경은 멀리서 보면 평화롭다. 선바위는 묵묵하고, 숲은 바람에 따라 고요히 흔들린다. 도시와 산이 나란히 놓여 있는 그 장면은 참 오래된 평온처럼 보인다. 하지만 그 속을 조금 더 가까이 들여다보면, 그 풍경은 온전히 아물지 못한 표정을 하고 있다.

　바위엔 여전히 금이 남아 있고, 철제 울타리로 막혔던 길은 지금은 열려 있지만, 그 기억은 아직 풍경 속에 떠 있다. 그 길을 따라 걷다 보면 분명 지금은 안전하고 평온한데도 어딘가 긴장이 가라앉지 않은 채 남아 있는 것을 느낄 수 있다.

　인왕산은 서울의 한복판에 있으면서 서울이 겪은 많은 일들을 가장 가까이에서 바라본 산이다. 조선의 궁궐을 내려다보았고, 나라가 무너지는 풍경을 지켜보았고, 총성과 침입을 견디며 시대의 가장 날카로운 자락을 지나왔다. 그 모든 시간이 지났지만, 산의 표정은 여전히 조용한 울림을 품고 있다.

"상처는 사라져도 표정은 남는다."

그 말처럼, 풍경도 감정을 품는다. 누구는 그냥 바위와 나무와 길이라고 말할 수 있겠지만, 누구는 그곳에서 설명할 수 없는 감정을 느낀다. 그건 풍경이 사람을 기억하고 있기 때문이다.

나는 그 표정을 닮고 싶다. 모든 걸 아프게 겪었지만 끝내 무너지지 않고, 조용히 살아내고 있는 얼굴.

누군가 묻지 않으면 말하지 않지만, 누군가 오래 바라보면 천천히 드러나는 얼굴. 인왕산의 바위와 나무와 길은 지금도 그렇게 사람들에게 말을 걸고 있다. 아물지 않은 감정을 담은 채, 흔들리지 않는 풍경으로.

10

고요히 이어지는
기억의 무게

인왕산을 걷다 보면 말소리보다 발소리가 더 크게 들리는 순간이 있다. 누군가 앞서 걷던 자국, 돌계단을 오르는 일정한 리듬, 무거운 숨소리, 그리고 그 사이를 채우는 긴 정적. 그 고요함 속에는 묘한 무게가 있다. 그것은 소리 없는 기억의 무게다.

이 산은 군인들의 발걸음이 수없이 오간 산이다. 청와대를 향해 난 능선 위, 아무도 모르게 교대하던 초소, 사각의 콘크리트 위에서 지내던 밤. 그 무수한 경계의 순간들이 지금은 고요함으로 덮여 있다.

그러나 그것이 사라진 건 아니다. 지금 그 길 위를 걷는 사람들은 등산을 하러 왔고, 바람을 쐬러 왔고, 산책을 하러 왔다. 하지만 그 발 아래에는 여전히 기억이 살아있다. 지금의 발자국이 누르고 있는 건 누군가 오래도록 지켜온 경계의 자국이다.

"기억은 소리 없이 이어진다.
고요하지만 결코 가볍지 않다."

그 조용한 길 위를 걷다 보면 나도 모르게 조심스러워진다. 누군가를 위해 말없이 지나간 시간들이 지금 이 평온한 풍경을 만든 건 아닐까. 그러니 지금 우리가 걷는 이 길은 그저 자연의 길이 아니라 사람의 기억으로 이어진 역사다.

인왕산은 그 기억을 요란하게 말하지 않는다. 표지판도 많지 않고, 안내문도 조용하다. 대신 바람과 바위와 침묵이 말해준다. 누군가 있었고, 지금은 없지만 그들이 있던 시간이 지금도 남아 있다고.

나는 그 고요함 속을 걸으며, 그 기억의 무게를 한 조각 마음에 담는다. 그리고 그렇게 조금 더 천천히, 조금 더 다정하게 이 길을 걸어 본다.

"숨 고를 곳 하나 없는 삶에서, 산은 나를 먼저 멈춰 세운다."

제3장

———————

멈춤을
허락하는 산

"걸음을 멈추는 순간,

나는 비로소 나를 바라보기 시작했다."

1

멈춰도 되는
산

인왕산은 올라야만 의미 있는 산이 아니다. 아니, 오르지 않아도 되는 산이라고 말하는 편이 더 나을지 모른다. 걷다가 멈춰 서도, 한참 동안 제자리에서 머물러도, 이 산은 아무 말 없이 그 자리를 내어주곤 한다. 다른 산처럼 정상까지 가야만 했다는 성취감도 없고, 정복해야 할 높이도 없다. 오히려 인왕산은 묻는다.

"꼭 올라야 하니? 여기서도 괜찮지 않니?"

이곳을 처음 찾았을 때 나는 여느 산처럼 길을 따라 정상을 향해 걸었지만, 어느 순간 발길이 멈췄다. 바위 하나가 길을 끊듯 앉아 있었고, 그 옆에 서니 가슴 안에서 숨이 먼저 멈췄다. 힘들어서가 아니었다. 그 자리가 이상하게 편안했기 때문이다. 걸음을 멈춘 그 순간부터, 비로소 산이 내게 말을 건네기 시작했다.

서울 한복판에서 이런 공간이 있다는 건 기적에 가까웠다. 도시의 산들은 대개 등산객들로 붐비고, 빠르게 오르고 내려가는 코스로 소모된다. 하지만 인왕산은 그렇지 않았다. 길은 단순하지만, 그 길 위에 멈춤의 자리를 품고 있었다. 오히려 '앉을 수 있는 산', '쉬어도 되는 산'이라는 인상이 더 강하게 남았다.

군 시절, 늘 어딘가를 향해 움직여야 했고, 멈춘다는 건 허락되지 않은 일이었다. 일정한 경로와 시간, 끝없는 이동 속에서 나는 나 자신을 놓치곤 했다. 그러나 지금, 이 산은 아무 말 없이 내 걸음을 멈추게 하고, 멈춘 내게 "잘했다"고 말해 주는 듯했다. 그 말 한마디가, 요란한 위로보다 더 큰 위안으로 다가왔다.

"쉬어도 괜찮아. 이 자리도 충분히 너의 길이야."

인왕산은 그런 산이다. 꼭 어딘가 도달하지 않아도, 지금 이 자리에서의 가쁜 숨이 충분하다고 말해 주는 산. 바위에 기대앉아 멀리 서울의 소음을 바라보며 깨닫는다. 삶은 언제나 앞으로 나아가는 것만이 전부가 아니다. 멈춰 있는 순간에도 우리는 여전히 살아가고 있다는 것을. 그리고 그걸 가장 조용하고 단단하게 가르쳐주는 존재가 바로 인왕산이 아닐까.

2

도시 속에서
길을 잃을 때

서울은 방향을 쉽게 잃는 도시다. 목적지가 분명해도 마음은 자꾸 엉뚱한 길로 빠져든다. 해야 할 일이 분명한데도, 그 일이 왜 중요한지 잊어버릴 때가 많다. 거리마다 속도를 재촉하고, 시간은 초 단위로 조각난다. 그런 도시 속에서 우리는 걸음을 멈추는 법을 잊어간다. 아니, 멈추면 안 된다는 강박에 익숙해진다.

나 역시 그랬다. 이 도시에 자리를 잡고, 딸과 함께 인왕산 자락에 머물기 시작했지만, 한동안은 여전히 도시의 리듬 속에 있었다. 서울에서 지내기 위해서는 뭔가를 해야 한다는 강박에 사로잡혀 정신없이 하루를 흘려보냈다. 그러다 문득 어떤 날, 내가 어디로 가고 있는지도 모르겠다는 생각에 사로잡혔다. 몸은 움직이는데 마음은 제자리를 맴돌고 있었다.

그때, 나는 인왕산으로 올라갔다. 멀리 갈 것도 없었다. 집 근처 오르막길을 따라 걷기 시작했을 뿐인데, 몇 걸음 오르자 도시의 소음이 뚝 끊겼다. 도심의 빽빽한 건물들 너머로 산이 열리자, 그 안에 숨어 있던 고요가 나를 먼저 맞이했다. 무언가로부터 멀어졌다는 안도감보다, 무엇으로부터 벗어났다는 해방감이 더 가까웠다.

인왕산은 도시 한가운데 있지만, 그 속엔 도시가 없다. 거리와 사람, 계획과 소음이 모두 잠시 사라지는 공간. 바위와 나무, 숨결과 빛만이 남는다. 나는 그 안에서 내 마음의 길을 다시 찾아야겠다는 생각이 들었다. 잃어버린 건 방향이 아니라 '나'였던 것이다.

"길을 잃는 건 나쁜 일이 아니다. 잃어야 보이는 것도 있다."

도시 속에서 길을 잃었을 때, 인왕산은 나침반이 되어 주지 않았다. 대신 멈출 수 있는 공간을 내어주었다. 어딘가 도달하라는 말 대신, 잠시 머물러도 된다고 말해 주었다. 그 말 없는 허락 덕분에, 나는 다시 나 자신에게 길을 묻는 사람이 될 수 있었다.

인왕산은, 도시를 마주한 산이 아니라 마음을 되돌리는 산이다.

3

멈춘 자리에서야
들리는 것들

우리는 늘 무언가를 하며 살아간다. 말하고, 듣고, 계획하고, 움직인다. 그렇게 하루를 쏟아내고 나면 정작 내 마음은 아무 말도 하지 못한 채 뒤에 남는다. 도시의 삶은 귀를 막고 눈을 가린 채 앞만 보게 만든다. 그래서 가끔은 멈추지 않으면 아무것도 들리지 않는다.

인왕산은 바로 그런 멈춤의 순간을 허락해 주는 산이다.

어느 날, 인왕산 중턱의 바위에 앉았다. 그냥 앉았을 뿐인데, 오래 눌러놓았던 감정이 천천히 떠오르기 시작했다. 말이 아닌 감정의 결들이, 바람처럼 스쳐갔다. 무엇에 아팠는지, 언제부터 지쳐 있었는지, 왜 그렇게 무겁게 살아왔는지를 그때야 알 수 있었다. 움직일 땐 몰랐던 것들이, 멈추니 들렸다.

바로 그것이었다.

"멈춘 자리에서야 비로소 내 안의 말이 들린다."

사람들은 말한다. 바위는 말이 없다고, 산은 침묵한다고. 하지만 그 말 없는 존재 곁에 오래 머물면 깨닫게 된다. 말을 하지 않기 때문에 오히려 내 마음의 소리가 더 또렷하게 울린다는 것을. 누군가의 말에 가려 들리지 않던 내 내면의 언어들이, 그 침묵의 품 안에서 되살아난다.

군 생활 동안, 나는 오히려 소리의 세계에 둘러싸여 있었다. 지시하고, 명령받고, 보고하고, 답해야 하는 말들 속에서 정작 내가 나에게 건네는 말은 잃어버리고 있었다. 늘 바빴고, 늘 침묵은 허락되지 않았다. 멈춘다는 건 곧 나약함으로 여겨졌기에, 그저 견디는 것으로 감정을 눌렀다.

하지만 인왕산에서 멈춘 그날, 나는 그 시절의 나와 처음으로 대화할 수 있었다.

"바위는 말하지 않지만, 그 침묵은 내 마음을 듣게 한다."

인왕산은 들으라고 말하지 않는다. 다만, 듣게 만든다. 그 자리에 멈춘 나에게 도시의 소음은 서서히 멀어지고, 마음속 깊은 말들이 하나둘 떠오른다. 그것은 후회일 수도 있고, 다짐일 수도 있고, 오래전에 지나온 사랑일 수도 있다. 무엇이든 괜찮다.

인왕산의 멈춤은 내면이 천천히 살아나는 자리다.

그 자리에 잠시 머물렀다는 것만으로도, 나는 다시 걸을 힘을 얻었다.

4

아무것도 하지 않아도
좋은 곳

인왕산에 머무를 때면, 문득 아무것도 하지 않아도 된다는 감각이 몸에 스며든다. 걸음을 재촉하지 않아도 되고, 풍경을 일부러 감상하지 않아도 된다. 사진을 찍지 않아도 되고, 의미 있는 생각을 하지 않아도 된다. 그저 앉아 있는 것만으로 충분하다. 바위 위에 앉아 조용히 바람을 맞으며 '존재하고 있음'만으로 위로받는 순간.

이곳은 그런 시간을 갖지 않으면 안 될 것처럼 느껴지는 장소다.

우리는 일상을 살아가며 끊임없이 '해야 할 일'에 쫓긴다. 일하지 않으면, 의미를 만들지 않으면, 나라는 존재가 무가치해질까 두려워한다. 하지만 인왕산은 그런 강박을 조용히 지운다. 마치 "넌 지금 이대로도 괜찮아"라고 말하는 것 같다.

실제로 나는 이 산에서 가장 많은 위로를 받은 순간이, 무언가를 하지 않았을 때였다.

도시에서는 가만히 있는 것도 허락되지 않는다. 멍하니 앉아 있는 것조차 불안해지는 환경. 목적이 있어서 서울에 왔고, 안정적 거주를 위해 무언가를 해야 한다. 하지만 인왕산은 묻지 않는다. 목적도, 이유도 따지지 않는다. 어느 바위 위에 앉아 한참을 아무 생각 없이 하늘을 바라보았던 날이 있었다. 그 시간은 무엇보다 충만했고, 이상하게도 그 이후로 마음이 가벼워졌다.

군 생활 동안도 나는 늘 뭔가를 해야 했다. 움직이고, 판단하고, 지시하고. 잠시라도 빈틈이 생기면 불안했고, 그 불안을 감추기 위해 더 바쁘게 움직였다. 그러나 지금은 안다. 진짜 회복은 비움에서 온다는 걸. 인왕산은 그 비움을 허락해 주는 산이다.

"아무것도 하지 않아도 괜찮은 곳에서야, 진짜 나를 만날 수 있다."

인왕산은 존재를 증명하라고 요구하지 않는다. 그저 '존재하는 것' 자체를 환대한다. 머물고 있는 것, 앉아 있는 것, 숨 쉬고 있는 것. 그 단순한 행위들에 의미를 더해 준다. 우리는 너무 오래 '움직여야만 살아 있는 것'이라 믿고 살아왔지만, 인왕산은 그 믿음을 조용히 풀어준다.

이 산이 품은 시간은 그렇게 느리고, 깊고, 조용하다.

그래서 그 안에 있는 나도, 드디어 조용해진다.

5

다시 걷기 위한
멈춤

인왕산을 오르다 보면 자주 멈추게 된다. 숨이 차서가 아니라, 눈앞에 펼쳐지는 풍경이 걸음을 붙잡기 때문이다. 도시가 내려다보이는 어느 바위 위에 앉으면, 생각보다 오래 머물게 된다. 처음에는 쉬기 위해 앉았지만, 시간이 흐를수록 멈춰 있던 그 자리가 마음의 중심처럼 느껴진다. 이상하게도, 그렇게 멈춰 있어야만 다시 걷고 싶은 마음이 생긴다.

삶이 힘들 때 우리는 자꾸 '계속 나아가야만' 살아 있다고 여긴다. 멈추면 안 되고, 흔들리면 안 되고, 잠깐이라도 내려놓으면 도태될까 두렵다. 나도 그랬다. 하지만 인왕산은 다르게 말한다. "조금 멈춰도 괜찮아. 다시 걷게 될 거야."

이 산은 멈춘 자리를 끝이라 하지 않고, 오히려 다시 시작되는 지점으로 만들어준다.

군 복무 중에도 나는 계속 움직여야 했다. 침묵이 아닌 명령, 여유가 아닌 긴장이 일상이었다. 걸음을 멈추는 순간은 오직 지시를 기다리는 시간뿐이었다. 그 시절의 나는 멈추는 것을 두려워했다. 그런데 지금, 인왕산에서 멈춰 선 나는 다르다. 바위에 앉아 숨을 고르고, 하늘을 바라보고, 지나온 날들을 되새긴다. 그러고 나면 묘하게 발걸음이 가볍다.

멈춘 것이 나를 무너뜨린 것이 아니라, 나를 다시 세웠다는 걸 알게 된다.

우리는 멈추기 위해 인왕산에 오르는 것이 아니다. 멈춤을 허락받기 위해 이 산을 찾는다. 그리고 그 멈춤이 쌓여 새로운 방향을 만들어낸다. 이 산은 방향을 알려주지 않지만, 방향을 묻게 만든다. 발걸음을 재촉하지 않지만, 걸을 수 있는 힘을 다시 안겨준다.

"잘 멈춘 사람만이 다시 걸을 수 있다."

인왕산을 내려오는 길은 처음 올라갈 때와는 다르다. 눈에 익은 바위와 길도 새롭게 느껴지고, 내려가는 발걸음엔 이유 없이 가벼움이 깃든다. 무언가를 얻은 것도, 특별한 결심을 한 것도 아닌데, 몸과 마음이 다시 걸을 준비를 마친 듯하다.

인왕산은 말없이 그 힘을 건넨다.

멈춤이 끝이 아니라는 것. 멈춘 자리에 머물렀던 그 시간이, 다시 나아가는 힘이 된다는 것을.

6

조용히 고개를
숙이는 시간

인왕산을 오르다 보면, 문득 고개를 숙이게 되는 순간이 있다. 뭔가를 잘못해서도, 무언가를 바라보기 위해서도 아니다. 그저 고요한 시간과 마주치면 자연스럽게 시선이 아래로 향한다. 말보다 숨이, 주장보다 침묵이 필요한 때. 그 시간은 고개를 드는 것보다 숙이는 쪽에 가깝다. 나는 한동안 고개를 드는 일에 익숙했다. 말을 앞세우고, 계획을 내세우고, 내가 지금 어디쯤 있는지 스스로에게 끊임없이 묻곤 했다.

하지만 어느 날, 인왕산의 바위 앞에서 아무 말도 하지 못한 채 멈춰선 적이 있다. 그 순간, 고개를 숙일 수밖에 없었다. 아무 이유 없이, 다만 그 자리에 서 있는 것만으로 충분하다고 느껴졌기 때문이다. 고개를 숙인다는 건, 나를 낮춘다는 뜻만은 아니다. 오히려 내 안의 소음을 가라앉히는 행위에 가깝다.

세상의 속도에서 잠시 벗어나, 내가 어디쯤 서 있는지를 느끼는 시간. 그건 멈춤이면서 동시에 회복이다.

인왕산은 사람을 억누르지 않는다. 다만, 조용히 바라보게 하고, 조심스럽게 서게 하며, 자연스럽게 고개를 숙이게 만든다. 그 부드러운 강함이 이 산의 품이다.

"조용히 고개를 숙일 때, 비로소 마음의 소리가 들린다."

산은 말하지 않지만, 그 속을 걷는 사람은 언젠가 고요를 배우게 된다. 그리고 그 고요 속에서 필요했던 한 문장, 한 표정, 혹은 아주 오래 숨겨왔던 마음 하나가 떠오른다. 그렇게 조용히 고개를 숙이는 시간은 나를 작게 만드는 것이 아니라 나를 깊게 만드는 시간이었다.

7

어디로 가야 할지 모를 때
걷는 길

인왕산을 오르기 시작할 때, 나는 목적지를 정하지 않을 때가 많다. 정상을 향해 오를 수도 있지만, 어떤 날은 수성동 계곡으로 내려서고, 어떤 날은 선바위 아래 바위 능선을 따라 걷기도 한다. 갈림길 앞에서 잠시 멈추고, 길이 나를 부르는 방향으로 발을 옮긴다. 어디로 가야 할지 모를 때, 걷는 길은 그렇게 시작된다.

삶도 그럴 때가 있다. 어디로 가야 할지 모르겠고, 어디까지 왔는지도 헷갈릴 때. 그럴 땐 차라리 목적 없이 걷는 것이 오히려 마음을 가장 정확하게 안내해준다. 발이 이끄는 방향에 이유를 묻지 않고, 걸으며 마음이 풀리는 쪽으로 향하는 것. 그것이 나를 살게 한 걸음들이었다.

인왕산의 길은 강요하지 않는다. 조금 돌아가도 좋고, 중간에 멈춰도 아무도 뭐라 하지 않는다. 길은 기다리고, 풍경은 말없이 곁에 있다. 그런 산길을 걷다 보면 "이 길이 맞나?"라는 생각 대신 "이 길도 괜찮다"

는 생각이 든다.

어디로 가야 할지 모를 때 무작정 걷는 건 두려운 일이다. 하지만 인왕산은 그 두려움을 조금씩 다정하게 덜어주는 산이다. 결정하지 않아도 괜찮고, 머무르다 돌아가도 괜찮다고 말해준다.

"모든 길이 목적지로 이어지지 않아도,
그 길이 나를 이끌 수도 있다."

나는 인왕산을 걸으며 정답 없는 걸음이 때론 가장 나다운 방향을 만들 수 있다는 걸 배웠다.

그러니 다음 갈림길이 나를 막아설 때도 나는 잠시 숨을 고르고, 그저 마음이 움직이는 쪽으로 발을 내디딜 것이다.

8

들리지 않던 소리가
들리는 순간

인왕산을 걸을 때, 처음엔 도시의 소음이 귀에 머문다. 멀리서 들려오는 차량 소리, 굉음을 내고 달리는 오토바이, 공사장의 진동, 사람들의 대화. 그 소리는 산 아래에서 끊임없이 올라온다. 하지만 걷는 시간이 길어질수록, 어느 순간 이상하리만치 조용해진다. 마치 내 귀가 다른 주파수에 맞춰지는 것처럼.

그러면 그때부터 들리지 않던 소리들이 들리기 시작한다. 바람이 나뭇잎을 스치는 소리, 돌 위를 지나가는 새의 발소리, 내 발끝이 흙을 밟고 가는 자잘한 마찰음. 그 작은 소리들이 산 전체를 가득 채우고 있었는데, 나는 이제서야 그 존재를 알아차린다.

가끔 삶도 그렇다. 온갖 소리로 가득한 것 같지만 실은 정작 들어야 할 소리는 들리지 않고 있을 때가 많다. 내 안의 소리, 마음속 울림, 혹은 아주 작게 속삭이는 타인의 진심 같은 것. 그것들은 조용히 말하는 법을 택하고, 우리는 너무 시끄러운 세상 속에서 그걸 놓치고 산다.

"산은 언제나 소리를 내고 있었다.
문제는 내가 듣지 못하고 있었을 뿐."

나는 인왕산에서 이따금, 내 안의 소리도 조용히 들려오는 경험을 한다. 머릿속에서만 맴돌던 생각이 단어로 또렷이 떠오르고, 놓쳤던 감정이 귓가를 스친다. 그건 아무도 대신해줄 수 없는 나만이 알아듣는 나의 소리다.

산은 스스로 소리를 키우지 않는다. 다만 듣는 사람이 조용해질 때까지 기다릴 뿐이다. 그리고 우리가 고요에 다다르는 순간, 그 소리는 마침내 들려온다. 들리지 않던 소리가 들리는 그 순간이, 산이 마음을 열어주는 방식이다.

9

무위의 시간 속에서
피어난 마음

인왕산을 걷다 보면 어느 순간 무언가를 '하고 있다'는 감각이 사라질 때가 있다. 걷고 있지만 목적이 없고, 생각은 하고 있지만 정리하려는 의지도 없다. 그저 있는 그대로 머물게 되는 순간. 그 시간은 아무것도 이루지 않지만, 오히려 가장 깊이 나를 회복시키는 시간이다.

우리는 늘 무언가를 해야 한다고 배워왔다. 계획을 세우고, 의미를 만들고, 그 시간을 '보람 있게' 보내야 한다고 말이다. 하지만 인왕산에서는 그런 생산의 강박이 서서히 느슨해진다. 생산되지 않아도 좋고, 의미를 증명하지 않아도 좋은 시간. 그 안에서 마음은 처음으로 편안해진다.

바위에 앉아 멀리 도심 속을 바라보다 보면 머릿속이 텅 비는 듯한 느낌이 든다. 그 빈틈 속에서야 지금껏 놓치고 있던 감정 하나, 나도 몰랐던 마음 하나가 문득 떠오른다. 억지로 끌어내려 할 때는 오지 않던 그것이 무위(無爲)의 시간 속에서 조용히 떠오르는 것.

"아무것도 하지 않아도,
삶은 조용히 피어나고 있었다."

인왕산은 그런 시간을 내어주는 산이다. 가만히 머물렀던 자리, 아무 목적 없이 올랐던 길, 무심히 내려다보았던 풍경 속에서 삶은 제 흐름을 회복하고, 마음은 말없이 제자리로 돌아온다. 무언가를 하지 않아도 괜찮은 시간, 그 시간이 나를 지켜주었다는 걸 나는 이 산에서 천천히 배워 간다.

10

멈춘 자리에도
길은 이어진다

어느 날, 인왕산을 오르다가 무심코 걸음을 멈춘 적이 있다. 갑작스레 불어온 바람, 낯선 슬픔처럼 스며든 기억 하나, 그 모든 게 한순간에 마음을 붙잡았다. 나는 오르던 걸음을 멈추고 바위에 앉았다. 산은 아무 일도 없다는 듯 조용했고, 그 조용함에 이끌리듯 나도 그냥 거기 머물렀다. 그 자리에 얼마나 앉아 있었는지는 모르겠다. 그저 마음이 멈춘 만큼, 시간도 흐르지 않는 듯했다.

하지만 묘하게도 그 멈춤 속에서 나는 조금씩 정리되고 있었다. 쌓아 두었던 말, 눌러 두었던 감정, 애써 잊으려 했던 생각들이 차분하게 풀리고 흘러갔다. 그리고 다시 일어섰을 때, 나는 놀라운 사실을 알게 되었다. 내가 멈춘 그 자리에도 길은 이어지고 있었다는 것.

세상은 나 없이도 흘러가고 있었고, 산도, 하늘도, 바람도 조금도 멈추지 않은 채 다음 풍경을 준비하고 있었다. 우리는 가끔 멈추는 것이 흐름에서 이탈하는 일처럼 느껴진다. 뒤처지는 것 같고, 잊히는 것 같고, 다시 걷지 못할까 봐 두렵기도 하다.

하지만 인왕산은 조용히 알려준다. 멈춘다고 길이 끝나는 게 아니라고. 그 자리에서도 길은 이어지고 있다고.

그날 이후로 나는 걷다가 멈추는 것을 주저하지 않게 되었다. 그 멈춤도 하나의 길이었고,

그 자리에 머무른 나 역시 결국은 길 위에 있었다는 걸 알게 되었기 때문이다.

"내가 멈춰 있었던 곳조차,
어느새 다음을 향해 이어지는 길의 일부였다."

"오래된 것만이 줄 수 있는 온도가 있다. 다정함은 시간에서 온다."

제4장

오래된 것들이 주는
다정함

"낡았다는 건 끝이 아니라,
오래도록 자리를 지켰다는 증거다."

1

물소리로 흐르는 기억,
수성동 계곡

인왕산 자락을 따라 걷다 보면 도시의 결이 달라지는 순간이 있다. 갑자기 공기가 부드러워지고, 바람은 나뭇잎 사이로 유연히 흐른다. 그렇게 길을 따라 내려가면 수성동 계곡이 나타난다. 지금 이곳엔 흐르는 물이 거의 없다. 평소에는 마른 바위만이 남아 있고, 물이 지나간 흔적만이 그 자리에 눌러앉아 있다. 그러나 물은 없지만, 물소리를 상상하게 하는 침묵이 있다. 그리고 그 침묵이 마음을 붙잡는다.

가끔 비가 온 뒤, 계곡은 잠시 살아난다. 바위틈마다 맑은 물이 찰랑이고, 작지만 분명한 물소리가 되살아난다. 그 짧은 시간 동안, 수성동은 과거로 돌아간 듯하다. 안평대군이 비해당을 짓고 시를 읊던 그 시절, 물이 넘실대고 바람이 시를 따라 흘렀던 순간들. 지금은 그 풍경이 희미해졌지만, 이 계곡에 남은 자취는 여전히 그 모든 것을 기억하고 있다.

나는 이곳을 처음 찾았을 때, 바위에 남은 물길을 가만히 따라가 보았다. 오래전 흘렀던 물처럼 나도 무언가를 흘려보내고 싶었다. 그리고 그때 내 귀에 들려온 건 다름 아닌 침묵이었다. 그 침묵은 비워진 것이 아니라, 가득 찬 것이었다. 흐르지 않기에 더 명확한 위로가 있었다.

"소리 없이 흐르는 물이, 가장 조용하게 마음을 덥힌다."

군 복무 시절, 나는 그런 조용한 울림을 간절히 원했다. 긴장과 규율, 쉼 없이 이어지는 명령 속에서 마음은 늘 굳어 있었다. 만약 그때 이 계곡의 침묵을 들을 수 있었다면, 잠깐이라도 부드럽게 풀어졌을지 모른다. 물은 흐르지 않아도, 흐를 준비가 된 곳에서는 마음이 다시 움직이기 시작한다.

수성동 계곡은 흐르지 않는 곳이 아니라, 흐름을 기다리는 곳이다. 바위는 여전히 단단하게 자리를 지키고 있고, 이끼는 빛을 머금은 채 그 자리를 감싼다. 무언가를 하지 않아도 좋다. 그저 곁에 서 있기만 해도 삶의 속도가 느려진다. 물이 없기에 더 간절하게 마음을 덥히는 곳. 인왕산이 나에게 처음 건넨 다정함은, 바로 이 계곡의 고요한 물소리였다.

▶ 물이 흐르는 수성동 계곡

2

윤동주의 언어,
산에 스며들다

인왕산 자락, 수성동 계곡을 조금 지나면 도로가에 콘크리트 건물 하나가 눈에 들어온다. 화려하지도, 크지도 않다. 그러나 그 안에 담긴 울림은 결코 작지 않다. 윤동주 문학관.

이곳은 수도 가압장을 개조해 만든 곳으로, 그가 세상에 남긴 짧고도 깊은 언어들을 조용히 품고 있다. 산의 침묵과 시인의 언어가 만나는 이곳은, 말보다 더 많은 것을 느끼게 하는 공간이다.

건물 내부로 들어서면, 윤동주의 육성이 들려오는 듯하다. "하늘을 우러러 한 점 부끄럼이 없기를."

그 한 문장으로 인해 이상하게 가슴이 먹먹해진다. 삶이란 무엇인가, 나는 지금 어떤 얼굴로 살아가고 있는가, 그런 물음들이 자연스럽게 따라온다. 그리고 문득, 인왕산의 침묵과 윤동주의 시가 서로를 닮았다는 생각이 들었다.

말을 아끼는 존재가 남기는 울림은, 더 깊고 길게 퍼진다.

윤동주가 살았던 시대는 언어가 억압되던 시대였다. 조용히, 그러나 분명하게 자신을 드러낼 수 있는 통로는 시뿐이었다. 인왕산 역시, 말하지 않고 오래 존재해 온 산이다. 침묵 속에서 스스로를 지워내지 않고, 오히려 조용히 시대를 품으며 그 자리를 지켜왔다. 그래서인지 윤동주의 문장들이 이 산의 풍경 속에 유독 잘 어울린다.

군 시절, 나는 말하지 못했던 많은 감정들을 안고 있었다. 감정을 표출하기엔 너무 단단해야 했고, 표현하기엔 너무 조용해야 했다. 그 시절의 내 마음은 시도, 산도 아니었다. 지금에 와서야 알게 된다. 그때의 불편한 감정을 품은 채 살아가는 나에게 윤동주의 시 한 줄이, 인왕산의 바위 하나가 얼마나 큰 위안이 되는지를.

"가장 짧은 문장이, 가장 오래 남는 진심이 된다."

윤동주의 시는 인왕산의 풍경처럼 무겁지도 가볍지도 않다. 그저 곁에 머무는 존재다. 사람의 마음을 흔들어놓는 힘은 거창함이 아니라, 정직한 침묵 속에서 비롯된다.

나는 이 산에서, 그 시인의 언어를 빌려 나를 다시 돌아보게 된다. 그리고 그 언어는 오늘도 인왕산 자락 어딘가에 조용히 스며들어, 오가는 이들의 마음을 가만히 흔들고 있으리라.

3

성곽길,
돌의 시간 위를 걷다

인왕산 능선을 따라 걷다 보면 성벽이 함께 이어진다. 서울을 감싸는 내사산 성곽 중 하나로, 인왕산 구간은 도심 속에서 가장 생생한 '시간의 벽'을 마주할 수 있는 곳이다. 높지 않지만 단단하고, 화려하진 않지만 깊은 표정을 가진 돌길. 나는 이 길을 걷는 동안 지금의 시간이 아니라, 오래된 시간 위를 걷고 있다는 기분이 들곤 한다.

서울성곽은 본래 전쟁을 대비하고 사람들의 출입을 통제하거나 도적을 방지하기 위해 쌓은 시설이었다. 돌을 하나하나 쌓아 도시를 지키고, 백성들의 삶을 보호하려 했던 선조들의 손길이 그대로 남아 있다. 하지만 지금 이 성곽은 더 이상 무언가를 막지 않는다. 오히려 품는다. 방어의 기능은 사라졌지만, 그 자리를 대신한 건 기억과 안도감이다.

막는 것이 아닌, 지키는 것이 아닌, 다만 곁에 있는 것의 역할.

성곽길은 겉으로 보기엔 단순한 돌길이다. 하지만 그 돌 하나하나에는 수백 년의 시간이 켜켜이 쌓여 있다. 바람이 스치고, 비가 닿고, 사람의 발이 지나가며 조금씩 닳아진 표면. 그 닳아진 자리가 사람을 편안하게 만든다.

나는 그 길을 걸을 때마다 내 안의 복잡한 생각들이 천천히 정리되는 걸 느낀다. 성곽은 묵묵히 앞길을 이끌어주고, 나의 속도를 조급하게 하지 않는다.

군 시절, 나는 늘 무언가를 지켜야 하는 입장이었다. 늘 긴장했고, 안에서부터 단단해지려 애썼다. 하지만 지금 이 성곽은 내게 말한다. 지킨다는 건 단단함만으로 되는 게 아니라고. 때론 오래된 다정함이 가장 단단한 방어가 될 수도 있다고.

이 성벽이 지금껏 무너지지 않은 건, 돌이 강해서가 아니라, 그 위를 수없이 많은 사람들이 함께 걸어왔기 때문일지도 모른다.

"시간을 품은 돌길은 사람의 마음을 조용히 붙든다."

성곽길은 목적지로 향하는 길이 아니다. 그저 함께 걷는 길이다. 나는 이 길 위에서 방향을 찾기보다, 내 발걸음 하나하나를 느낀다.

도시는 변하고, 사람은 지나가지만, 성곽은 그 자리에 있다. 그 자리를 지키는 것만으로도 누군가의 마음에 안정을 주는 길. 인왕산의 성곽길은 그렇게 오늘의 나를 다독인다.

걸음이 멈추지 않는 이유는, 누군가 이 길을 나보다 먼저 걸었고, 나보다 늦게도 또 걸을 것이기 때문이다.

▶ 성곽길

#4

다정함은
오래된 것에서 온다

인왕산을 걷다 보면 종종 아주 오래된 무언가와 마주치게 된다. 낡은 바위, 묵은 나무, 시간이 스며든 돌담, 오랜 계단, 거기 오래 서 있었을 것 같은 초소 하나. 처음엔 아무렇지 않게 지나치지만, 발걸음을 멈추고 바라보다 보면 마음이 묘하게 따뜻해진다. 설명하기 어려운 안정감과 위로. 아마 그것이 다정함이라는 감정일 것이다.

도시는 새로움을 좋아한다. 반듯하고 반짝이는 것들이 사람들의 시선을 끌고, 그것이 곧 가치가 되기도 한다. 그러나 인왕산은 새로움을 자랑하지 않는다. 이 산은 오래된 것을 그냥 오래된 채로 두고, 그것이 주는 고요한 힘을 믿는다. 낡았다는 이유로 지워지지 않고, 오래되었기에 더 깊이 마음에 남는다.

다정함은 자극에서 오지 않는다. 오래된 것만이 줄 수 있는 무언가가 있다.

어릴 땐 몰랐다. 바위는 그냥 돌이었고, 오래된 건 지루하게 느껴졌다. 하지만 이제는 안다. 오래된 바위가 왜 그렇게 듬직한지를. 오랜 시간을 견디며 생긴 표면의 굴곡이, 오히려 더 부드럽고 따뜻하게 다가온다는 것을. 인왕산은 그런 감정을 가르쳐준다. 조용히, 천천히, 한 사람의 속도에 맞춰서.

군 생활 동안 나는 강한 것만 믿었다. 단단함, 효율, 빠른 판단과 확실한 결과. 다정함은 그 틈에서 자주 밀려났다. 그러나 인왕산은 다른 방식으로 존재를 증명한다. 다정하지만 약하지 않고, 조용하지만 깊다. 오래되었지만 낡지 않았다. 그건 이 산이 살아 있는 방식이기도 하다.

"다정함은 말이 아니라, 그 자리에 오래 있는 태도다."

인왕산은 말을 많이 하지 않는다. 설명도 하지 않는다. 그저 거기에 있다. 그리고 그 오래됨으로 사람을 안심시킨다. 요란한 위로보다 더 깊은 위안, 그것이 오래된 것들이 가진 다정함이다.

나는 오늘도 이 산에서, 오래된 것들에게 둘러싸여 천천히 걸음을 옮긴다. 이 느림과 낡음, 침묵 속에 숨어 있는 다정함이, 나를 다시 사람답게 만들어준다.

▶ 남겨진 초소

5

길을 만드는 건
발이 아니라 마음이다

인왕산의 길은 정해져 있다. 능선을 따라 이어진 흙길, 바위 계단, 사람들의 발에 익숙해진 돌담 옆의 오솔길. 지도로 보면 단순한 경로지만 막상 그 길을 걷기 시작하면 단 한 번도 같은 느낌으로 걸은 적이 없다.

어느 날은 가볍고, 어느 날은 숨이 가쁘다. 어느 날은 마음이 선선해지고, 어느 날은 발걸음마다 생각이 무겁게 깃든다. 똑같은 길인데, 걸을 때마다 다르다.

나는 그 이유가 길이 아니라 마음에 있다고 생각한다. 사람은 발로 걷는 것 같지만 사실 마음으로 걷는다. 어디를 보고, 어디에서 멈추고, 어떤 자리에 오래 머무는지 그건 모두 마음의 상태가 만든 선택이다.

그래서 인왕산은 늘 같은 길 위에서 매번 다른 풍경이 되는 신기한 산이다. 산책이라 말하지만 때로는 마음의 길을 걷고, 기억의 언저리를 걷고, 지금의 나를 확인하는 길을 걷는다.

길은 그저 이어져 있을 뿐이지만, 내 안의 감정이 그 길을 다시 쓰고 있는 것이다. 누군가의 뒤를 따라가는 날도 있고, 혼자 천천히 걷는 날도 있다. 때론 뒤돌아보며 걸을 때 비로소 길이 보이기도 한다.

길은 언제나 거기 있지만 내가 어떤 마음으로 걸었느냐에 따라 그 길의 의미가 달라진다.

"길은 걷는 사람이 만든다.
그리고 진짜 길은 마음이 만드는 것이다."

그래서 나는 인왕산을 자주 걷는다. 새로운 길을 찾기 위해서가 아니라, 지금의 마음으로 다시 길을 만들어보기 위해. 그렇게 걷다 보면 늘 지나던 길이 오늘은 조금 다르게, 조금 더 다정하게 나를 맞아준다.

6

물이 기억하는
다정함

수성동 계곡을 따라 걷다 보면 바위 틈을 타고 흘러내리는 작은 물줄기를 만난다. 많이 마른 계절에도 물은 끊기지 않고, 조금씩, 아주 작게 흘러간다. 처음엔 그저 배경처럼 들리던 물소리가 어느 순간 귀에, 마음에, 스며들기 시작한다. 말하지 않고 다가오는 다정함이란 이런 것일까.

물은 소리를 높이지 않는다. 다만 스쳐 지나가고, 조용히 머물다 간다. 어떤 바위 위에서는 천천히 고였다 흘러내리고, 어떤 돌 아래에서는 소리 없이 퍼진다. 그 모습은 마치 누군가의 마음을 닮았다. 지나간 듯하면서도 머물러 있고, 사라진 듯하면서도 깊이 남아 있는 것.

나는 물 앞에서 자주 멈춘다. 흘러가는 걸 바라보는 것만으로도 마음이 조용해지기 때문이다.

물은 어떤 말도 하지 않지만, 그 흐름 안엔 오래된 다정함이 들어 있

다. 누군가를 닦아주고, 적셔주고, 때론 어루만지는 손길처럼 머물기도
한다.

"다정함이란, 멈추지 않고 흐르되,
누군가에게 꼭 닿으려는 마음이 아닐까."

수성동 계곡의 물은 언제나 있는 듯 없는 듯 흐른다. 하지만 그 물길
을 따라 걷는 사람들과 물길 옆에 앉아 있는 사람들의 얼굴에는 조금
씩 평온이 번진다. 아무것도 하지 않으면서도 누군가를 위로할 수 있
는 존재, 그게 물이 지닌 오래된 힘이고, 인왕산이 품고 있는 부드러운
위로다.

그 다정함 앞에서는 나도 말없이 물처럼 머물고 싶어진다. 누구의
마음에 강요하지 않고, 다만 흘러가다 머무는 존재로. 물이 그러하듯,
인왕산도 그렇게 다정한 산이다.

7

조용히 스며드는
문장 하나

윤동주의 언어가 깃든 인왕산 자락을 걷다 보면, 마음 깊은 곳에서 오래 잠들어 있던 문장 하나가 조용히 몸을 일으킬 때가 있다. 별을 노래했던 시인의 자취는 수성동 계곡 입구의 옛 하숙집과 이 산 어딘가의 침묵 속에 여전히 남아 있다.

그 시절, 그는 어떤 마음으로 이 길을 걸었을까. 바람 소리, 바위의 결, 스치듯 마주치는 나뭇잎의 흔들림 사이로 불쑥 떠오르는 문장 하나. 그 문장은 나와 그를, 그리고 지금의 나와 예전의 나를 천천히 이어준다.

나는 종종 문장을 찾기 위해 걷는다. 하지만 인왕산에서는 그 반대가 된다. 문장이 먼저 나를 찾아와 말을 건다. 큰 소리로 외치지 않고, 부드럽게, 그러나 분명하게 다가오는 말. 그건 책 속에서가 아니라, 내 안 어딘가에서 피어나는 목소리다.

어느 날, 머릿속에 조용히 떠오른 문장이 있었다. 윤동주의 『새로운 길』에서 본 구절이다.

"내를 건너서 숲으로

고개를 넘어서 마을로."

그 말이 내 걸음과 겹치는 순간, 나는 지금 걷고 있는 이 길이 단지 풍경을 지나가는 행위가 아니라는 걸 깨달았다. 길은 이어지고, 생각도 이어지고, 지나온 시간도 그 문장 속에서 다시 흘렀다. 인생도 결국, 하나의 산을 건너고, 하나의 마을을 지나 또 다른 나에게 다다르는 여정이니까.

"좋은 문장이란, 책장 속에 있는 것이 아니라 내 삶과 맞닿는 어느 순간, 내가 걸어온 길을 조용히 비추는 빛이다. 그 빛은 때로 한 문장이 되고, 그 문장은 내 삶의 리듬이 된다."

나는 인왕산을 걸으며 수많은 문장을 되새기기도 하고, 때로는 그저 한 문장을 기다리기도 한다. 머릿속에 쌓아둔 말들이 아니라, 산을 걷는 동안 자연히 내 안에 떠오른 그 한 줄. 그 문장이 지금의 나에게 가장 필요한 말이라는 걸 언제나 마지막엔 알게 된다.

그래서 나는 오늘도 이 산을 걷는다. 문장을 찾기 위해서가 아니라, 문장이 나를 찾아올 수 있게.

▶ 윤동주 시인의 언덕

8

누군가 지나간
시간 위를 걷는 일

인왕산 성곽길을 따라 걷다 보면 돌마다, 담장마다, 이곳을 먼저 지나간 이들의 시간이 묻어 있다. 쌓고, 지키고, 무너지고, 다시 올려진 돌담들. 그 길을 걷는 발 아래에는 수많은 사람의 발자국이 겹겹이 포개져 있다.

나는 그 위를 조심스레 걷는다. 길은 나 하나만의 것이 아니라는 걸 몸으로 느끼게 되기 때문이다. 누군가는 이 길을 임무처럼 걸었고, 누군가는 삶의 마지막 장면을 이 산에서 마주했을 수도 있다. 지금처럼 평화롭지 않았던 시간, 산 아래 도시가 혼란 속에 있었던 시대에도 이 성곽은, 이 돌담은 묵묵히 자리를 지켰다.

나는 그런 시간의 잔열 위를 걷고 있다. 산길을 걷는다는 건 단순한 자연과의 만남만이 아니다. 그 길 위엔 사람의 기억과 감정, 때로는 눈물과 다짐이 고여 있다. 모두가 떠나고 난 뒤에도 돌과 바람, 그늘과 향기로 남아 다음 사람에게 말을 건넨다. 그 말은 크지 않지만, 깊다.

"우리는 걷고 있지만,
사실은 오래된 마음 위를 지나고 있다."

어쩌면 이 길을 걷는다는 건 '지나간 누군가의 삶을 건너는 일'일지도 모른다. 이름 모를 이가 흘린 땀방울, 오르막에서 멈춰 선 숨, 그런 모든 것들이 지금의 길을 만든 것이다.

나는 그 사실을 기억하며 걷는다. 이 길이 나만의 산책로가 아니라는 것을. 그리고 언젠가 나의 발걸음 역시 또 다른 누군가의 기억이 될 수 있음을.

그 생각 하나로, 나는 조금 더 조심스럽고, 조금 더 다정하게 이 길을 딛게 된다.

9

남아 있는 것들의
안부

인왕산을 오르내리며 가장 자주 마주치는 것은 오래된 것들이다. 다 닳아버린 계단의 모서리, 이름 없이 선 채로 계절을 맞는 작은 돌무더기. 그것들은 뭔가를 주장하지 않지만 항상 거기 있다.

조용히 자리를 지키면서 묘하게 안부를 묻는 듯한 느낌을 준다.

"잘 지내니?"

"그동안 어땠어?"

말이 없는 물건들과 풍경이 내게 그렇게 말을 걸어오는 것만 같다. 그건 단순한 정서가 아니라, 기억을 지켜온 존재가 건네는 조용한 목소리다. 나는 그런 자리 앞에서 자주 멈춰 선다. 그것들이 있어 내가 지나온 시간도 조금은 더 단단해지는 것 같기 때문이다.

요즘 우리는 무언가를 새롭게 바꾸는 데 익숙해져 있다. 오래된 것을 없애고, 지워진 자리에 전혀 다른 것을 세우고, 그 위에 새로운 이름을 붙이는 일들. 이유는 다양하다. 그 자리에 남아 있었던 누군가의 이야기가 지금의 가치관과 맞지 않기 때문이라고, 지금 우리가 정의한 기준에 부합하지 않기 때문이라고.

하지만 나는 그런 일이 있을 때마다 마음 한구석이 서늘해진다. 역사는 강자의 이름만으로 기록되어서는 안 된다고 생각한다. 기억은 누군가의 승리만으로 완성되지 않는다. 때론 패배의 흔적도, 조용히 버텨온 존재도 함께 있어야 비로소 진짜 이야기가 된다.

오래 남은 것들은 이기거나 선택받았기 때문이 아니라, 그 자리에 머무르며 모든 것을 품어왔기 때문에 존재의 의미를 가지는 것이다.

"남아 있다는 건, 아직 말을 걸고 있다는 뜻이다."

그 말은 곧, 지워지지 않았다는 뜻이고, 누군가의 시간과 감정이 여전히 그 자리에 살아 있다는 의미다. 나는 인왕산에서 그 조용한 인사들을 받는다. 돌담 하나, 나무 하나, 벤치 하나가 그 자리에 있어줘서 고맙다고 생각하게 된다. 그것들이 없다면 이 산은 아마 지금과 같은 얼굴을 갖지 못했을 것이다.

기억은 지우는 것이 아니라, 함께 살아내는 것이어야 한다. 남아 있는 것들이 있어, 오늘도 산은 산다. 그리고 나는 그 안에서 내 마음 한 자락의 안부를 조용히 건네고, 조용히 받아들인다.

▶ 돌무더기

인왕산은 늘 오후 4시 같았다

"말하지 못한 마음은 바위 곁에 눌러앉는다. 그러면 사라지지 않는다."

제5장

바위에 새겨진
이름 없는 이야기들

"누군가 말없이 지나간 자리마다,

조용한 이야기가 눌어 있다."

#1

말하지 않아도
남는 것들

인왕산을 오르다 보면 말을 잊게 된다. 처음엔 경치를 설명하고, 감상을 나누고, 사진을 찍으며 몇 마디를 주고받지만, 어느 순간부턴 말이 필요 없어지는 시간에 들어선다. 바위에 앉아, 나무를 바라보다 보면 조용한 침묵이 마음을 채운다. 말하지 않아도 전해지는 것, 말로는 표현할 수 없는 것들이 그제야 조금씩 모습을 드러낸다.

이 산에는 수많은 사람들이 지나간다. 소풍을 온 이들, 산책하는 이들, 조용히 혼자 오르는 이들. 겉보기엔 별다를 것 없는 하루일지 모르지만, 바위는 그 하루를 기억한다. 누군가는 아무 말 없이 앉아 있었고, 누군가는 눈물을 닦으며 떠났으며, 또 누군가는 그저 숨을 고르며 내려갔으리라. 그 마음들은 말로 남겨지지 않았지만, 결코 사라지지도 않았다. 말하지 않았기에, 더 오래 남는 마음이 있다.

나는 종종 생각한다. 내가 힘들었던 그 시절, 아무에게도 말하지 못했던 마음을 어디에 두었는지를. 울 수도 없고, 토로할 사람도 없던 날, 그냥 조용히 흘려보냈던 감정들. 지금 와서 돌이켜 보면, 그 마음들이 어딘가에는 분명히 남아 있었다는 걸 느낀다.

그리고 그 장소 중에 하나가 인왕산이었다. 바위는 말을 하지 않지만, 사람의 마음을 오래 기억한다. 말보다 숨, 눈빛보다 어깨의 기울기, 발걸음보다 멈춤의 시간을 기억한다. 인왕산의 바위들이 단단해 보이는 이유는, 그 위에 앉아 있었던 수많은 사람들의 시간이 층층이 쌓여 있기 때문이다.

"말은 사라져도, 마음은 풍경에 남는다."

그래서 나는 오늘도 이 산을 오르며 말하지 않는다. 그저 조용히 앉아 있는 것만으로도 충분하다. 인왕산은 그 조용한 시간을 외면하지 않고, 오히려 가장 깊은 곳에 품는다. 사람은 잊을 수 있어도, 바위는 기억한다. 그 기억 속에서, 우리는 다시 자기 자신과 마주할 수 있다.

2

다짐은 침묵의
형태로 남는다

인왕산을 오르다 보면, 꼭 말로 하지 않아도 마음속에서 조용히 하나의 문장이 생긴다.

"이제 다시 시작해야겠다."

"이번엔 흔들리지 말자."

"여기까지 온 나, 잘했어."

그 문장은 소리 내어 말해지지 않는다. 다만 바위에 앉아 잠시 숨을 고를 때, 마음속 어딘가에서 스스로를 향해 조용히 떠오르는 결심이다.

등산로를 따라 걷는 사람들 중 누가 다짐을 품고 있는지는 알 수 없다. 얼굴에는 드러나지 않고, 대화 속에도 스며들지 않는다. 그러나 바위는 안다. 그 사람이 걷는 속도, 멈춘 자리, 내려다보는 방향. 그 안에 담긴 마음의 무게를 바위는 고요히 받아낸다.

말로 꺼내지 않아도, 다짐은 공간에 남는다.

군 복무 시절, 나는 무언가 다짐을 하면서 하루하루를 살았다. 그것은 외부의 지시와 규율에서 비롯된 것이었고, 나 자신에게 한 다짐이라기보다는 누군가에게 보여줘야 하는 단단함이었을지 모른다. 하지만 50대 중반에 오르내리는 인왕산에서의 다짐은 전혀 다르다. 아무도 강요하지 않고, 보이는 결과를 요구하지 않는다. 오히려 삶의 결에서 묵묵히 우러나는 한 줄의 말이 바위 위에 고요히 내려앉는 느낌이다.

바위에 앉아 있으면, 다짐은 소리 없는 기도처럼 마음속에 떠오른다. 그리고 그것이 곧 삶을 조금 더 단단하게, 조금 더 부드럽게 바꿔놓는다. 말로 다짐하지 않아도 괜찮다. 말은 바람처럼 흘러가지만, 침묵 속에서 피어난 다짐은 오래 남는다.

"진짜 다짐은 말보다 조용하고, 조용해서 더 깊다."

인왕산은 그런 다짐을 품는 데 가장 적합한 산이다. 조용하고, 재촉하지 않고, 묻지 않기 때문이다. 그래서 이곳에서 생긴 다짐은 강요가 아니라 흐름에서 비롯된다. 바위를 내려올 때 마음이 조금 가벼워지는 건, 그 다짐이 마음을 짓누르지 않기 때문이다.

그저 곁에 있는 바위처럼, 삶의 한편에 오래 머물러 있는 다짐.

그 침묵의 다짐이, 오늘도 나를 다시 걷게 한다.

#3

사라지지 않는
발자국들

인왕산에는 수많은 발자국이 남는다. 매일같이 오르고, 매일같이 내려가는 사람들. 길 위엔 마땅한 표식도 없고, 흔적은 금세 바람과 흙 속에 사라지지만, 묘하게 그 자리에 '무언가 남아 있다'는 감각은 오래 머문다. 발자국은 눈에 보이지 않지만, 그날의 감정, 호흡, 마음은 풍경 속에 스며들어 간다.

누구는 힘든 하루를 끌고 올랐을 것이다. 누구는 새로운 시작을 위해 이 산을 찾았을 것이다. 또 누군가는 이 산에서 마지막 인사를 마음속으로 남기고 돌아갔을지도 모른다. 발걸음은 지나가지만, 마음은 그 자리에 오래 머문다. 인왕산의 바위와 흙, 나무와 바람이 그것을 흘려보내지 않고 받아들인다.

지워진 발자국 위에, 또 누군가의 마음이 덧입혀져 간다.

내가 이 산을 오를 때, 특별한 목적이 있었던 건 아니다. 하지만 매번 내려올 때는 조금씩 다른 사람이 되어 있는 걸 느낀다. 그건 아마 내가 남긴 발걸음만이 아니라, 이전에 이 길을 걸었던 누군가의 감정이 내 마음에도 닿았기 때문일 것이다. 우리가 말없이 나누는 교감은, 이런 풍경 안에서 가능해진다.

군 시절에도 나는 이 산 아래를 오갔다. 단순한 경로, 일상의 반복처럼 보였지만, 지금 생각하면 그 시간에도 내 발자국은 이 산에 남아 있었을 것이다. 무겁게 내려 두었던 마음, 조용히 삼킨 다짐, 잊은 줄 알았던 감정들. 그 모든 것이 이곳에 흩뿌려져 있었다는 걸 이제야 느낀다.

"사라진 듯 보이는 것도, 누군가의 삶 속에서는 아직 남아 있다."

우리는 흔적을 남기기 위해 살아가는 것이 아니라, 살아내는 그 순간순간이 자연스럽게 흔적이 된다. 인왕산은 그것을 지우지 않고 품는다. 사라진 것처럼 보여도, 사실은 남아 있는 것들.

말없이 스친 사람들의 발자국 하나하나가 이 산의 공기를 만들고, 바위의 결을 만든다.

그래서 인왕산을 걸을 때, 나도 조심스레 한 걸음 한 걸음을 내딛는다.

그 위에는 이미, 수많은 삶이 조용히 스며들어 있으니까.

4

이름 없는 이들의 산

인왕산을 오르며 한 가지를 자주 떠올린다. 이 산을 찾은 수많은 사람들의 이름을 나는 알지 못한다는 것. 누군가는 몇 번이나 이곳을 다녀갔을 것이고, 누군가는 딱 한 번 올랐을지도 모른다. 그럼에도 이 산은 모두를 품었다. 이름을 남기지 않아도, 이야기 하나 남기지 않아도, 인왕산은 언제나 같은 방식으로 사람들을 받아들였다.

기념비도 없고, 누가 언제 여기 왔다 간다는 흔적도 없다. 하지만 이 산을 오르내리는 이들의 숨결은 바위의 결에, 바람의 냄새에, 흙길의 부드러운 굴곡 속에 남아 있다.

이름이 없어도, 존재는 흐려지지 않는다.

우리는 흔히 '기록되지 않은 삶'은 사라진다고 말한다. 그러나 인왕산은 그것이 틀렸다고 말해 주는 산이다. 말하지 않고도, 남기지 않고도, 그저 존재한 시간만으로 충분한 기억이 된다는 걸 이 산이 증명하고 있다.

한 번의 방문이든, 수십 번의 발걸음이든, 그 사람의 마음이 닿은 순간은 모두 이 산의 어딘가에 스며든다. 바위 하나, 소나무 한 그루, 조용히 머문 자리 하나에.

군 시절의 나 역시 이 산에 이름을 남기지 않았다. 다만 지나갔고, 지켜봤고, 견뎠다. 그때의 나를 지금 다시 떠올리면, 나는 그저 '이름 없는 이'였을 뿐이다. 하지만 이 산은 그 시간을 기억하고 있다. 그리고 말한다.

"이름 없이 지나간 너도, 이 산의 일부였어."
"이름을 남기지 않아도, 마음은 반드시 어디엔가 닿아."

인왕산은 거창한 이야기를 위한 산이 아니다. 크고 위대한 인물의 서사가 필요한 산도 아니다. 오히려 그 반대다. 이름을 남기지 못한 이들, 말하지 못한 이들, 기억 속에만 잠시 머무는 이들. 그런 사람들의 발걸음이 모여, 이 산을 지금의 모습으로 만들었다.

나는 이 산이 좋아진 이유를 이제야 안다. 내가 꼭 누군가로 불리지 않아도, 무엇이 되지 않아도, 이 산은 나를 받아줬기 때문이다.

인왕산은 누구의 산도 아닌, 모든 이름 없는 이들의 산이다.

그래서 이곳에 머무는 시간은 언제나 조용하지만, 결코 작지 않다.

5

소리 없는 다짐,
보이지 않는 인사

인왕산을 걷다 보면 길 위에서 마주치는 사람들 사이에 작고 조용한 인사가 오가는 걸 느낄 수 있다. 고개를 살짝 끄덕이거나, 잠시 길을 비켜주거나, 한 걸음 멈추는 그 짧은 순간들이 말 없는 다정함으로 바뀌는 순간이다. 그건 눈에 띄지 않지만, 분명히 전해지는 마음이다.

이 산에서는 서로를 밀치거나 먼저 가려는 조급함이 잘 보이지 않는다. 오히려 좁은 길 앞에서 기다려주고, 고마움을 말없이 미소로 대신한다.

산은 그렇게 사람들의 마음을 다듬는다. 도시의 아래에서 느끼기 어려웠던 배려가 이 산 위에서는 자연스럽게 흐른다. 그런 인사는 표현보다 태도에 가깝고, 말보다 조용한 다짐으로 남는다.

타인을 위한 작은 배려는 곧 나를 지키는 태도가 되고, 말을 아끼는 순간은 더 깊은 이해로 이어진다. 인왕산은 그 조용한 다짐들을 모아

길 위에 뿌려놓은 듯하다.

"말없이 주고받는 인사가,
때로는 가장 정직한 마음의 표현이 된다."

누군가를 먼저 보내주는 순간, 뒤를 지켜주는 마음, 그 모든 것이 인왕산에 스며 있다. 나는 그 안에서 눈빛만으로 전해지는 인사 하나, 발걸음의 여백 안에 담긴 배려 하나를 더 깊이 배우게 된다.

이 산에서의 침묵은 무관심이 아니라 다정함의 방식이다. 그 다짐과 인사들이 모여 인왕산을 단단하면서도 따뜻한 산으로 만든다. 그리고 그 다정한 침묵은 내 삶의 언어로도 조용히 번져나간다.

6

말없이 닿은
마음

바위 앞에 섰다. 아무런 생각도 없었지만, 손끝이 먼저 움직였다. 마치 오래전부터 알고 있었던 것처럼 나는 조용히 그 바위 위에 손을 얹었다. 기도를 하려 한 것도, 무언가를 빌려고 한 것도 아니었다. 그저 손을 얹는 순간, 이 자리에 마음을 두고 가야 할 것 같은 느낌이 들었다.

바위는 차갑지 않았다. 오히려 오래 묵은 온기를 머금은 듯 묵묵히 나를 받아주는 듯했다.

사람은 가끔, 말보다 몸이 먼저 반응할 때가 있다. 그 순간의 손짓, 말 없는 머뭇거림, 시선을 피해버린 눈길. 그 안에는 오히려 더 많은 감정이 담겨 있다. 말하지 않아도 전해지는 마음, 그것은 가장 깊은 마음에서 나온다.

바위 앞에 선 나는 무언가를 설명하려 하지 않았고, 설명할 필요도 느끼지 못했다. 그저 오래 머물다 떠나는 마음을, 바위는 조용히 알아주는 것 같았다. 어떤 날은 눈을 감고, 어떤 날은 그저 손끝만 살짝 대고 지나간다. 그것만으로도 충분하다.

바위는 아무 말도 하지 않는다. 그 대신, 내가 하지 못한 말을 대신 품어준다. 기도처럼 간절하지 않아도 되고, 고백처럼 명확하지 않아도 된다. 그저 닿는 마음이 있다면, 그건 이미 전해진 것이다.

"굳이 말하지 않아도 전해지는 마음이 있다. 바위는 그것을 오래도록 기억한다."

그날 이후 나는, 말 없는 순간의 무게를 알게 되었다. 그리고 침묵이야말로 가장 다정한 언어가 될 수 있음을 이 산에서 천천히 배우고 있다.

7

나도 누군가의 풍경이 될 수 있다면

어느 날, 인왕산의 돌계단을 오르던 길목에서 한 노인의 뒷모습을 오래 바라보게 된 적이 있다. 등산복조차 제대로 갖추지 않은 채 묵묵히 한 걸음씩 오르는 뒷모습. 그분은 자주 멈췄고, 다시 걷고, 아무 말 없이 계단 옆 바위에 앉아 쉬었다.

나는 그 순간 그 뒷모습이 참 다정하게 느껴졌다. 말도 없고, 인사도 하지 않았지만 그 뒷모습엔 '먼저 걸어본 사람'만의 느긋함과 '먼저 멈춰본 사람'만의 따뜻함이 담겨 있었다. 아무리 뒤따라가도 그 분은 속도를 늦추거나 양보하려 하지 않았다.

하지만 나는 그 걸음 덕분에 더 천천히, 더 나 자신을 바라보며 걸을 수 있었다. 우리는 종종 말이 다정함이라고 생각하지만 사실 풍경이 다정한 사람도 있다. 먼저 지나간 사람의 발자국, 잠시 머물렀던 자리, 흘낏 건네는 눈빛 없이도 그저 존재만으로 주변을 편하게 하는 사람.

그날 이후 나는 생각했다. 언젠가 나도 누군가에게 그런 뒷모습이 될 수 있을까. 굳이 말을 걸지 않아도, 등을 보이는 자세 하나로 "이 길 괜찮아, 조금 힘들어도 곧 괜찮아져" 이렇게 말해줄 수 있는 그런 사람.

인왕산엔 그런 사람들이 많다. 말하지 않고 걷는 사람들, 조용히 자리를 비켜주는 사람들, 쉬어가는 이들을 그냥 지나쳐주는 사람들. 그들은 소리를 남기지 않지만, 마음은 오래 남는다.

"풍경이 된다는 건,
누군가의 기억 속에 조용히 머문다는 뜻이다."

나도 누군가에게 그런 사람이 되고 싶다. 크게 말하지 않아도, 자세히 설명하지 않아도, 그저 다정한 뒷모습 하나로 누군가의 하루를 조금 더 따뜻하게 해줄 수 있다면. 그거면 충분하지 않을까.

8

발자국보다
오래 남는 숨결

비가 그친 다음날, 인왕산의 흙길은 눅눅한 숨을 머금고 있다. 그 위로 새로 찍힌 발자국이 여럿 겹쳐져 있고, 금세 사라질 자국과 오래 눌린 흔적이 뒤섞여 있다. 나는 그걸 바라보다 문득 생각한다.

사람이 산에 남기는 건 발자국일까, 아니면 그 순간의 숨결일까. 산을 오르다 보면, 누군가의 지나간 흔적이 꼭 눈에 보이지 않아도 느껴질 때가 있다. 발소리도, 말소리도 사라졌지만 그 자리에 잠시 머물던 마음 하나는 공기처럼, 바람처럼 아직 거기에 남아 있는 것 같다.

아무 흔적도 남기지 않은 사람도 사실은 무언가를 두고 간다. 우리는 자주 '기억에 남을 만한 것'을 찾지만 정작 마음을 움직이는 건 보이지 않게 스며든 감정, 조용히 스쳐 간 순간의 진심이다.

인왕산은 그걸 안다. 그래서 누가 다녀갔는지 굳이 기억하려 하지 않고, 대신 조용히 느끼도록 만든다.

"사람은 금세 지나가지만, 그 숨결은 오래도록 자리를 지킨다."

나는 산을 내려올 때마다 내가 남긴 것이 과연 무엇일까 생각하게
된다. 발자국은 금방 지워질 테고, 기억도 곧 흐릿해질 것이다. 하지만
오늘 내 마음이 조용히 머문 자리, 그곳엔 어쩌면 아주 작은 숨결 하나
가 남아 있을지 모른다.

그리고 언젠가, 누군가 그 자리를 지나가며 이유 없이 멈추고, 바람
을 한 번 더 느낀다면 그건 나의 숨결이 조용히 이어진 것일지도.

9

무명의 삶이 만든
풍경

인왕산 어느 바위에 앉아 도시를 내려다보다가 문득, 이 산의 얼굴을
만든 것이 이름을 남기지 않은 수많은 삶들이라는 생각이 들었다. 누
군가는 매일같이 이 길을 걸었고, 누군가는 단 한 번 오르고 말았지만
그들의 마음, 그들의 발걸음, 그들의 시간이 지금의 이 풍경에 깃들어
있다는 느낌. 그들은 떠났고, 이름도 남기지 않았지만 산은 그들을 기
억하고 있었다.

바위를 닳게 만든 손길,

오솔길을 평평하게 만든 발자국,

계단에 굳은 흔적들.

그 모든 건 기록된 역사는 아니지만 산의 결을 만든 조용한 주인들
이었다. 누구도 그들을 소개하지 않고, 그들의 이야기를 책에 적지 않
지만 그들이 있었기에 지금의 인왕산이 있다.

우리는 삶을 이야기할 때 늘 이름이 남은 사람들만 기억한다. 시인, 왕, 정치인, 장군, 위대한 예술가들.

하지만 풍경은 말한다. 이곳을 가장 많이 만들고, 닳게 하고, 지탱한 사람들은 이름 없이 다녀간 무명의 사람들이었다고.

"말없이 다녀간 이들이 풍경을 완성했다."

나는 그런 무명의 삶을 생각하며 조심스럽게 걷는다. 오늘 내 발걸음도, 이 산에 보탬이 되기를 바라면서. 나 역시 언젠가 이름 없이 이곳을 지나간 사람 중 하나로 남겠지만 그것만으로 충분하다는 마음이 든다.

인왕산은 그런 조용한 사람들을 품으며 지금도 자기 얼굴을 만들어 가고 있다. 그 얼굴은 누군가의 찬란함보다 무명의 삶이 지닌 다정한 반복으로 채워져 있다.

"지켜야 했던 자리 위에, 이제는 이야기가 앉는다."

제6장

침묵에서 피어난
이야기들

"지키는 것에서, 품는 것으로.

인왕산은 그렇게 변해 왔다."

1

초소가 책방이 되다

인왕산 중턱, 오래전엔 누구도 함부로 다가갈 수 없던 자리 하나가 있다. 무장공비의 침투 이후, 수도 서울을 지키기 위해 세워진 초소. 이곳은 수십 년 동안 경계 근무지가 되었고, 늘 긴장과 침묵의 공기가 흐르던 장소였다. 그러나 지금, 그 초소는 조용한 책방이 되어 사람들을 맞이하고 있다.

과거의 경계가, 이제는 이야기의 공간으로 바뀐 것이다.

'초소책방'이라는 이름은 이 공간의 시간을 그대로 품고 있다. 책방이 되기 전, 이곳은 수많은 경찰들의 발소리와 교대 보고, 무전 소리로 채워졌던 자리였다. 경계를 서던 눈빛들이 머물던 창이 있었고, 몸을 웅크려 쉬던 작은 공간이 있었다. 그러나 지금은 그 자리에 책장이 놓이고, 찻잔이 놓인 테이블 위로 햇빛이 부드럽게 쏟아진다.

초소였던 구조의 일부는 그대로 남겨두었다. 기존 초소출입문, 콘크리트 초소, 기름통, 벽돌 외벽. 그것들은 그 시절을 숨기려 하지 않는다.

오히려 그 자리에 고요히 머물러, 이 책방의 침묵이 더 깊은 울림으로 느껴지게 만든다.

이곳에서 책을 읽고 커피와 차를 마시는 일은 단순한 문화 향유가 아니다.

침묵의 시간 위에 새겨지는 새로운 언어, 다정함의 실천이다.

군화 소리가 가득했던 초소에, 이제는 책장을 넘기는 소리와 조용한 웃음소리가 흐른다.

사람들은 이곳에서 누구도 경계하지 않고, 서로를 방해하지 않는다.

과거에는 누구의 입장도 허락되지 않던 그곳이, 지금은 누구에게나 열려 있다.

그 변화는 누군가의 선언이 아니라, 이 산이 오래 지켜온 시간의 흐름이 만든 결과일지도 모른다.

"경계의 자리에 다정함이 들어설 수 있다는 것, 그것이 인왕산이 보여준 가장 조용한 변화였다."

초소책방은 단순한 건물이 아니다. 그것은 '변화의 상징'이자, '기억의 재해석'이다.

인왕산은 그저 시간을 견딘 것이 아니라, 시간을 받아들이고 새롭게 품을 줄 아는 산이다.

책방의 조용한 창가에 앉아 바깥 풍경을 바라보면, 바위 위에 남겨진 초소의 그림자가 어렴풋이 느껴진다.

그리고 그 그림자는 이렇게 말하는 듯하다.

"이제, 여기는 마음을 풀어놓아도 되는 자리야."

▶ 초소책방

인왕산은 늘 오후 4시 같았다

\# 2

이야기를 향해 걷는
발걸음

인왕산 초소책방을 향해 걷는 길은 단순한 산책로가 아니다. 그 길에는 오랜 시간의 결이 겹겹이 쌓여 있다. 철제문과 울타리를 지나고, 도로 가장자리에 쓸쓸히 놓인 진지를 스쳐 지나며 사람들은 지금의 일상과는 조금 다른 감각으로 산을 걷는다. 그곳은 누군가를 지키던 경계의 자리이자, 이제는 자신을 마주하러 가는 사유의 길이다.

책방은 크지 않다. 2층 건물의 내부와 테라스엔 햇살이 고요히 내려앉고, 한쪽 벽면을 따라 책들이 정갈하게 놓여 있다. 그곳에 앉은 사람들의 표정은 묘하게 달라져 있다. 창가에 앉아 음악에 몸을 맡긴 채 노트북에 집중하는 사람, 커피와 빵을 사이에 두고 웃으며 대화하는 이들, 책을 펼쳐 들고 조용히 자신만의 리듬으로 페이지를 넘기는 이들. 공간을 가득 채운 음악은 이 모든 움직임을 하나의 조용한 풍경으로 묶어낸다.

창밖으로는 사계절 푸른 소나무와 함께 노란 개나리, 분홍빛 진달래가 봄을 알리고, 마른 잎을 아직 달고 있는 참나무는 자기 때를 기다리는 것처럼 고요하다. 콘크리트 초소, 커다란 바위에 붙은 돌이끼, 그리고 한때 사용되었던 낡은 기름탱크까지. 모두가 한 자리에 어우러져 있다. 마치 걸어온 시간이 이곳에 정리되어 놓인 듯한 풍경.

책방은 책보다 먼저 그 풍경으로 이야기를 건넨다. 이 자리가 한때는 누군가의 경계였다는 사실에서 지금은 글을 쓰고 읽는 사람들과 일상의 대화로 웃음 꽃을 피우는 공간이 되었다는 사실이 이미 하나의 깊은 이야기다. 누군가 지키던 자리는 이제 누군가의 감정을 머무르게 하고, 말보다 마음이 흐르는 장소가 되었다.

> "책은 책장 안에만 있는 게 아니다.
> 걷는 발걸음에도, 바람에도,
> 말 없는 자리에도 이야기가 흐른다."

나는 그 길을 걷는다. 무언가를 떠올리고, 잊고, 다시 새긴다. 그리고 초소책방이라는 조용한 목적지에서 그 모든 감정은 하나의 문장으로 정리된다. 마치 산이 나에게 한 편의 글을 쓰라고 건네는 것처럼.

그 길을 따라 걷는 사람은 결국 자신만의 이야기를 향해 가는 사람이다. 인왕산은 그런 우리를, 말없이, 묵직하게 응원하고 있다.

▶ 개나리와 진달래 핀 초소책방 전경

3

책 한 권을 위한
오르막

인왕산 초소책방으로 향하는 길은 짧지 않다. 산 아래에서부터 이어지는 오르막길은 완만하다가도 어느 순간 숨을 몰아쉬게 만든다. 그렇다고 험하거나 거칠지는 않다. 오르다 보면 어느새 마음속 생각들도 차분히 가라앉고, 발끝의 무게보다 머릿속의 복잡함이 더 가벼워지는 걸 느낀다.

이 길을 걷는 사람들 중엔, 정상을 향해 가려는 이들보다 책방에 닿고자 하는 이들이 더 많다. 등산복 차림도, 큰 배낭도 없이, 그저 손에 텀블러 하나 들고 조용히 걷는 사람들. 누구는 책을 읽기 위해, 누구는 누군가를 만나기 위해, 또 누구는 그저 '책방이 있다는 이유 하나만으로' 이 길을 오른다.

예전의 초소를 생각하면 참 다르다. 그곳에 오르던 걸음은 누군가를 막기 위한 것이었고, 책과는 전혀 어울리지 않던 자리였다. 이제는 그 경계의 오르막을, 사람들이 사색과 이야기를 위해 기꺼이 오르고 있다. 오르기의 목적이 바뀌었을 때, 풍경도 달라졌다.

나는 이 길이 마음에 든다. 가파르지도 않고, 또 너무 쉽지도 않은 이 길이 책 한 권을 향한 오르막이라는 사실이. 책방에 도착해 자리를 잡고 앉았을 때, 그 길의 경사가 한 페이지 한 페이지의 무게처럼 느껴진다. 단순히 책을 읽는 게 아니라, 읽기 위해 올라왔다는 행위가 마음의 자세를 바꿔놓는다.

"책을 향해 오른 시간은, 그 자체로 사색이 된다."

초소책방은 그 자리에 있으면서 사람들에게 걷는 목적을 새롭게 부여했다. 더 이상 누구도 지키지 않아도 되는 자리에, 사람들이 스스로 오르기 시작한 것이다. 그 변화는 조용하지만, 결코 작지 않다.

책 한 권을 위한 오르막이 만들어낸 이 새로운 풍경은, 인왕산이 품어온 이야기들 속에 또 하나의 아름다운 장면으로 남는다.

4

경계의 자리,
사유의 공간으로

초소는 원래 누군가를 지키기 위해 세운 구조물이었다. 침입을 막고, 움직임을 감시하며, 그 안의 무언가를 보호하는 울타리 같은 곳. 하지만 인왕산의 오래된 초소 중 일부는 이제 책과 사람이 드나드는 공간이 되었다. 경계를 상징하던 그 자리가 생각을 나누고 머무는 사유의 공간으로 변한 것이다.

그 중 한 곳인 '초소책방'은 더 이상 군화 자국이 찍히지 않고, 총 대신 문장이 놓인 채 조용히 사람들을 맞이한다. 사람들은 이곳에서 커피를 마시고, 책을 읽고, 무심코 머무른다. 하지만 그 고요함 속엔 지켜내야 했던 시간의 결이 여전히 서려 있다.

나는 그 초소 안에 앉아 있을 때마다 두 겹의 시간이 겹쳐지는 감각을 느낀다. 과거의 긴장과 현재의 평온, 방어의 공간과 공유의 장소, 그 두 세계가 한 자리에 놓인다는 것 자체가 무언의 성찰을 일으킨다. 경계는 지워졌지만, 기억은 남았고 그 기억이 이곳을 더 깊게 만든다.

사람은 흔히 지켜야 했던 자리에서 벗어나면 그 자리를 잊는다. 하지만 산은 그렇지 않다. 지켜낸 시간과 다가오는 시간이 겹쳐져 흐를 수 있도록 공간을 품는다. 초소는 그렇게 하나의 다리가 되어, 과거와 현재를 조용히 연결하고 있다.

"누군가의 경계가,
누군가의 사유가 될 수 있다."

나는 그 책방에서 한 권의 책을 펼치기 전에 잠시 창밖 바위 위의 초소를 바라본다. 그 풍경 속엔 여전히 침묵으로 이곳을 지켜낸 사람들이 서 있는 듯하다. 그들을 향한 묵념처럼 나는 천천히 책장을 넘긴다.

▶ 초소책방 바위 위에 서 있는 남겨진 초소

5

경계의 기억을
걷는 길

초소책방을 지나, 인왕산 능선을 따라 걷다 보면 이따금 낡은 철문이나 성벽에 새겨진 숫자, 사라진 초소의 흔적들과 마주치게 된다. 이제는 퇴색된 경고 표지판이나 오래된 철제 구조물 하나까지도, 한때 이곳이 '경계의 선'이었다는 사실을 조용히 증언한다. 1968년, 무장공비 침투 사건 이후 인왕산은 단순한 산이 아니었다. 청와대를 지키는 중요한 방어선이 되었고, 그 위를 오가는 사람들은 모두 감시의 대상이 되기도 했다. 출입은 철저히 통제되었고, 자연은 군화 소리에 눌려 조용히 숨죽였던 시절이었다.

그런 시간을 지나 지금, 그 능선 위를 걷는 건 등산객이나 산책객이다. 그들은 과거의 그림자를 모른 채 웃으며 걷기도 하고, 때로는 어렴풋이 남아 있는 구조물을 바라보며 발걸음을 늦추기도 한다. 그 길은 단순한 등산로가 아니라, 경계의 시간을 밟고 지나가는 길이다.

나는 그 길을 걸을 때면, 누군가 이 길을 지키기 위해 얼마나 오래 서 있었을지를 상상하게 된다. 찬바람을 맞으며, 아무 일도 없어야 했던 하루를 견디던 시간들. 지금은 사라진 초소들 속에서 누군가는 마음을 긴장시키고, 누군가는 잠시 눈을 감고 휴식을 취했는지 모른다. 그 무수한 하루들이 침묵으로 덮인 채, 이 산길에 스며있다.

지금 우리가 이 길을 걷는 것은 그 기억을 되새기기 위해서가 아니라, 그 기억을 품은 채 새로운 발걸음을 더해가기 위해서이다. 이 산은 과거를 지우지 않았고, 그 위에 오늘을 덧쌓고 있을 뿐이다.

"시간은 흔적을 지우는 것이 아니라, 그 위를 덮고 흐른다."

인왕산은 말없이 그 길을 내어준다. 그리고 그 위를 걷는 사람들 각자의 마음에 따라, 그 길은 또 다른 이야기가 된다. 누군가에게는 평범한 산책길, 누군가에게는 기억의 길, 그리고 누군가에게는 처음 걷는 자유의 길.

인왕산은 그렇게, 과거와 현재가 겹쳐지는 '기억의 풍경'을 우리에게 내어주고 있다.

6

조용함이 깊이를 만드는 곳,
숲속 쉼터

인왕산 북측의 숲길을 걷다 보면 소란한 바깥 풍경과는 전혀 다른 공간 하나를 마주치게 된다. '숲속 쉼터'라는 이름을 달고 있지만, 이곳은 단지 쉬어가는 장소가 아니다. 목소리를 낮추고, 마음을 비우고, 자신에게 조용히 귀 기울이게 만드는 침묵의 공간이다.

입구에는 '구 인왕3보초'라는 안내판이 서 있다. 1968년 1.21 사태 당시, 무장공비가 청와대를 향해 침투하던 경로를 따라 세워진 분초. 이 자리는 오랜 세월, 나라의 심장을 지키기 위해 병사들이 밤낮없이 근무하던 곳이었다. 총을 들고 경계하던 자리, 긴장을 놓을 수 없었던 순간들이 켜켜이 쌓여 있는 곳.

시간이 흘러, 이제는 누구나 들어와 쉴 수 있는 쉼터가 되었지만 그 시절의 숨죽인 긴장감이 완전히 사라진 것 같지는 않다. 실내에 들어서면 음악도, 소란도 없다. 마치 시간도 함께 멈춘 듯한 고요함. 햇살은 커다란 유리창 너머로 천천히 흘러들고, 사방의 나무들은 바람 없이 창밖에 서 있다. 작은 책상, 책꽂이, 나무로 된 의자. 사람들은 각자의 자리를 찾아 자연과 책, 그리고 스스로와 대화하고 있다.

이곳은 함께 있지만 혼자 있어야 하는 공간이다. 창밖을 바라보면, 청와대가 바로 가까이에 놓여 있다. 이곳에서 근무했던 이들은 그 풍경을 '지켜야 할 대상'으로 바라봤을 것이다. 낯선 기척에도 숨을 죽이고, 지켜야 한다는 임무감 속에 온몸을 세웠을 것이다.

지금 이 자리에 앉아 창밖을 바라보는 우리는, 그들과 전혀 다른 마음으로 이 풍경을 마주하고 있다. 우리는 바라보고, 그들은 지켜야 했다. 그 차이가 이 공간에 담긴 시간의 무게를 더욱 깊게 만든다.

나는 어느 날, 나카가와 히데코의 『나를 조금 바꾼다』라는 제목의 책을 집어 들었다. 첫 장을 넘기자마자 만난 문장이 마음을 붙든다.

"지금은 무엇을 해야 하고, 무엇을 버려야 할지를 걸러내는 안목이 생겼다. 잘 포기하는 힘을 기르게 되어 몸도 마음도 편하다."

이곳의 고요한 풍경과 책 속 문장이 하나로 겹쳐졌다. 쉼이란, 멈추는 것이 아니라 무엇을 버릴지를 선택하는 시간이라는 것. 그리고 그 선택은 더 가벼운 마음으로 다시 걸어가기 위한 준비라는 걸 나는 이 공간에서 천천히 깨달았다.

숲속 쉼터는 조용한 연습의 장소다. 외부의 소음 없이, 내면의 생각을 다듬는 그 시간. 내가 누구인지 다시 바라보게 만드는 그 공간. 소란한 일상에서 벗어나 나를 다시 채우기 위한 비움의 장소. 인왕산은 이런 공간 하나를 그리도 다정하게 남겨두었다. 말없이, 조용히, 누군가의 다음을 준비할 수 있도록.

▶ 숲속 쉼터

#7

비워진 자리에서
피어난 시간

'숲속 쉼터'라는 이름보다 더 인상적인 건 그곳에 머물고 있는 사람들의 표정이다. 누구도 말하지 않고, 누구도 서두르지 않으며, 책을 보며 앉아 있는 사람들. 각자의 생각에 잠긴 채, 그저 그 자리에 있는 사람들.

이 자리는 더 이상 무언가를 지키는 공간이 아니라, 비로소 자신을 내려놓을 수 있는 자리가 되었다. 그래서 이곳에서는 허락되지 않는 것이 있다. 소음. 한 일행이 떠들썩하게 들어오다가 침묵을 지켜달라는 관리자의 말에 발길을 돌렸다. 그들의 소리가 머물 곳이 아님을 스스로 알아차린 듯.

한때 인왕3분초가 있었던 자리. 바람을 막을 틈도 없이, 늘 긴장을 품은 장소였다. 이제는 분초의 기억 몇 조각을 품은 채 변화한 공간이지만, 그 단순함이 오히려 묵직하게 다가온다. 예전엔 누구도 마음을 풀 수 없던 곳이, 지금은 마음을 풀기 위해 찾아오는 곳이 되었다. 지켜야 했던 자리에, 이제는 쉬어도 되는 자리가 놓였다.

숲속 쉼터에 앉아 있으면 침묵의 소리가 먼저 들린다. 누군가는 책을 읽고, 누군가는 물을 마시고, 누군가는 그냥 창밖의 풍경을 본다. 그 모습들 하나하나가 이 공간의 의미를 말해준다. 말없이 앉아 있다는 것만으로도 서로를 방해하지 않고, 묵묵히 그 자리를 나누는 일. 그 자체로 인왕산은 또 하나의 침묵의 이야기를 품고 있다.

군 복무 시절, 앉아서 쉬는 일은 늘 정해진 시간과 공간 안에서만 가능했다. 쉰다는 것은 허락이 필요했고, 그마저도 긴장의 끈을 놓지 않은 채였다. 하지만 인왕산의 숲속 쉼터는 누구의 허락도 필요하지 않다. 누구에게도 설명할 필요 없이 그저 '쉬어도 괜찮은 자리'로 열려 있다.

"사람이 지키던 자리를 산이 품어주는 순간, 침묵은 평온이 된다."

이 자리에서 나는 배운다. 산은 더 이상 누군가를 막기 위해 존재하지 않는다는 것을. 오히려 산은, 그동안 지켜온 시간을 사람들에게 되돌려주고 있다는 것을. 숲속 쉼터는 그 조용한 환대의 상징이다. 인왕산이 오늘날 우리에게 내어주는 가장 다정한 자리 중 하나다.

8

침묵에서 시작되는
새로운 말들

인왕산은 말이 없는 산이다. 수많은 사람들이 오르내리고, 바위에 앉아 생각을 정리하고, 길을 따라 걷지만, 그 사이에 오가는 말은 많지 않다. 그러나 그 침묵은 공허하지 않다. 오히려 그 고요 속에서, 사람들은 스스로에게 가장 진실한 말들을 꺼내게 된다.

예전 이 산에는 말이 금기시되던 시간이 있었다. 초소 안에서는 목소리를 낮추었고, 의심은 마음속에만 삼켰으리라. 눈빛과 몸짓만으로 상황을 판단해야 했던 시간. 그 침묵은 경계였고, 긴장이었으리.

하지만 지금의 침묵은 다르다. 이제 이 산의 침묵은 쉼과 회복, 그리고 사색의 시간으로 바뀌었다. 책방에 앉아 책을 펼치는 이도, 숲속 쉼터에 기대 앉아 하늘을 바라보는 이도, 무언가 말하려 하지 않는다. 그러나 그 고요한 순간마다, 각자의 내면에서는 분명 어떤 말이 시작되고 있다. 그건 고백일 수도 있고, 다짐일 수도 있고, 혹은 오래전부터 미뤄

둔 질문일 수도 있다.

"침묵은 때때로, 말보다 더 많은 이야기를 시작하게 한다."

인왕산은 누구에게도 큰 소리로 무엇을 말하지 않지만, 그 침묵의 품 안에서 사람들은 자신과 조용히 대화를 나눈다. 어떤 말은 마음속에만 맴돌다 사라지고, 어떤 말은 집으로 돌아가는 길 위에서야 언뜻 입 밖으로 새어나온다. 그 모든 말들이, 이 산의 바위와 바람, 햇살에 은근히 스며든다.

말이 없는 바위,

소리를 내지 않는 나무,

그리고 조용히 머무는 사람들.

이 산이 지켜온 오랜 침묵은, 이제 더 깊은 말들을 시작하게 하는 공간이자 시간이 되었다. 그리고 그 말들은 지금도 어딘가에서 조용히 자라고 있다. 초소였던 책방에서, 숲속 쉼터의 조용한 공간에서, 혹은 누구도 보지 않는 바위 옆 작은 그늘에서. 인왕산은 오늘도 말하지 않지만, 그 침묵 속에서 새로운 이야기를 키워내고 있다.

9

무너진 담이 열어준 풍경

인왕산 길을 따라 걷다 보면, 한때 출입이 통제되던 구간들이 이제는 개방되어 누구나 오를 수 있는 산책로가 되어 있다. 예전에는 철제 펜스와 경고문이 있었던 자리, 그곳에 지금은 나무 계단이 놓이고, 아이 손을 잡은 가족들이 웃으며 오르내린다.

통제의 장소가 열림의 풍경으로 바뀌는 것, 그건 단지 구조의 변화가 아니라 감정의 전환이기도 하다. 무언가를 금지했던 자리가 누군가를 초대하는 공간이 될 수 있다는 것. 그것은 이 산이 품고 있는 시간의 너그러움이고, 도시가 오랜 긴장을 벗고 만들어낸 변화다. 담은 무너졌지만, 기억은 남아 있고 그 기억을 마주하면서도 사람들은 더 이상 주춤거리지 않는다.

대신 천천히 걷고, 머물고, 바라본다. 담은 단지 벽이 아니었다. 지켜야 할 것과 다가오지 말아야 할 것 사이를 구분하던 선이었다. 그 선이 사라졌다는 건 위험이 사라졌기 때문이 아니라, 이제는 서로를 더 이해하게 되었기 때문일지도 모른다.

"열린 풍경은 단지 경치를 보여주는 것이 아니라,
오래 감춰두었던 마음의 방향을 드러낸다."

나는 그 옛 경계 위를 걷는 걸 좋아한다.
한때는 두려움과 경계심으로 가득했을 그 자리에
이제는 산책자들의 미소가 넘실거린다.
같은 장소, 다른 풍경.
같은 바위, 다른 시선.
인왕산은 그렇게, 열린 풍경을 통해 우리 모두의 마음을
조금씩 바꿔놓는다.

10

아무도 채우지 않아
더 넉넉한 자리

인왕산 능선을 걷다 보면 어느 바위 위, 어느 평평한 터, 혹은 나무 그늘 아래 아무 장식도, 안내도, 시설도 없는 공간이 불쑥 나타난다. 그 자리는 비어 있다. 누군가 일부러 비워둔 듯한 자리, 아무도 차지하지 않아 오히려 더 넉넉하게 느껴지는 공간이다. 나는 그런 자리에 앉는 것을 좋아한다.

도시의 공간은 늘 목적이 있다. 앉으려면 정해진 의자에, 쉬려면 시설과 이름이 있는 곳이어야 한다. 하지만 인왕산의 이 빈자리는 누구의 것도 아니면서 누구에게나 열려 있다. 그곳에 앉는 순간, 나는 무언가를 해야 한다는 감정에서 자유로워진다. 빈자리가 주는 자유, 그게 이 산이 품고 있는 깊은 숨 같은 공간이다.

아무것도 없는 자리는 사실 아무것도 아닌 자리가 아니다. 거기엔 사람이 채워야 할 무언가가 아니라, 사람이 비워야 할 시간이 준비되어 있다. 생각을 내려놓고, 일정을 잠시 미루고, 그저 바람과 함께 머무는 감각을 배우는 자리다.

"비워진 자리는 마음이 먼저 들어선다."

나는 그 자리에서 책을 꺼내 읽을 때도 있고, 아무것도 하지 않고 그저 하늘을 바라보기도 한다. 말이 사라지고, 생각이 느려지고, 마음이 스르르 펼쳐진다. 그 어떤 공간보다 충만한 느낌이 드는 순간이다.

인왕산은 이런 자리를 이름 붙이지 않고 남겨둔다. 아무도 채우지 않았기에 누구나 자기 방식으로 머물 수 있는 자리.

나는 그 너그러움이 참 고맙다. 그리고 내 안에도 그런 자리를 하나쯤 품고 살아야겠다고 생각한다.

"이름도 소리도 남기지 않은 시간들이, 지금의 산을 만들었다."

시간을 품은 산

도시는 자꾸만 바뀐다.

낡은 건물은 허물어지고,

오래된 길은 새로운 이름으로 다시 태어난다.

그러나 인왕산은 다르다.

눈에 띄게 변한 것 없이

그저 오래, 조용히 그 자리를 지켜왔다.

그 꾸준한 침묵이

어떤 말보다 큰 위로가 된다는 걸

이제야 알게 되었다.

한때 이 산은 누군가에게는 경계의 선이었고,

누군가에게는 출입이 금지된 공간이었다.

지켜야 했던 자리, 다가설 수 없던 공간.

하지만 지금의 인왕산은

누구나 걸을 수 있는 산이고,

누구나 쉬어갈 수 있는 여백이 되었다.

지워진 것이 아니라,

그대로 둔 채 변해 온 것.

기억을 없애지 않고

그 위에 새로운 이야기를 쌓아온 산.

그래서 이 산은 가벼워지지 않고,

가라앉지도 않는다.

묵직하지만 따뜻한 어떤 감정으로,

우리 곁에 조용히 서 있다.

나는 이 산이

더 이상 '오르는 산'이 아니라

'마주 서는 산'이 되었음을 느낀다.

서로를 재촉하지 않는 길,

먼저 가지 않아도 되는 산책길,

말이 없어도 괜찮은 시간의 틈.

그 모든 걸 품은 산이

서울 한복판에 있다는 사실만으로도

이 도시는, 이 삶은
조금은 따뜻해진다.

이 나라의 정치도,
크고 작은 집단도
인왕산을 닮았으면 좋겠다.

인왕산은 늘
오후 4시 같았다

초판인쇄 2025년 7월 4일
초판발행 2025년 7월 4일

지 은 이 임승탁
펴 낸 이 채종준
펴 낸 곳 한국학술정보(주)
주   소 경기도 파주시 회동길 230(문발동)
전   화 031-908-3181(대표)
팩   스 031-908-3189
투고문의 ksibook1@kstudy.com
등   록 제일산-115호(2000. 6. 19)

ISBN   979-11-7457-051-2 03690